山东省金融高质量发展研究

Research on High-Quality Financial Development in Shandong Province

赵金丽 著

中国财经出版传媒集团
中国财政经济出版社
·北京·

图书在版编目（CIP）数据

山东省金融高质量发展研究 / 赵金丽著. -- 北京：中国财政经济出版社，2025. 1. -- ISBN 978 -7 -5223 -2626 -9

Ⅰ. F832. 752

中国国家版本馆 CIP 数据核字第 2024727JP0 号

责任编辑：高　青　　　　责任校对：徐艳丽

封面设计：卜建辰　　　　责任印制：张　健

山东省金融高质量发展研究

SHANDONGSHENG JINRONG GAOZHILIANG FAZHAN YANJIU

中国财政经济出版社 出版

URL：http：//www. cfeph. cn

E - mail：cfeph@ cfeph. cn

社址：北京市海淀区阜成路甲 28 号　邮政编码：100142

营销中心电话：010 - 88191522

天猫网店：中国财政经济出版社旗舰店

网址：https：//zgczjjcbs. tmall. com

涿州汇美亿浓印刷有限公司印刷　各地新华书店经销

成品尺寸：170mm × 240mm　16 开　11. 5 印张　176 000 字

2025 年 1 月第 1 版　2025 年 1 月河北第 1 次印刷

定价：52. 00 元

ISBN 978 - 7 - 5223 - 2626 - 9

（图书出现印装问题，本社负责调换，电话：010 - 88190548）

本社图书质量投诉电话：010 - 88190744

打击盗版举报热线：010 - 88191661　QQ：2242791300

前　言

金融作为国家和区域核心竞争力的重要组成部分，是加快形成新质生产力的强劲推动力。新时代新征程，中国各省（区、市）应因地制宜推进金融自我革新，同时提升金融服务实体经济质效，推动金融高质量发展，为加快形成和发展新质生产力注入强大动能。山东省作为中国重要的经济大省和传统工业大省，经济转型的压力大、责任重，应加快建设金融强省，为加快培育壮大新动能提供更高质量的金融服务。本书首先基于金融高质量发展内涵，从金融自身高质量发展能力、金融支持经济高质量发展的能力两方面构建了金融高质量发展评价体系；其次，对山东省金融高质量发展历程进行梳理，并运用比较分析法、障碍度模型等方法，从评价体系的各维度分析山东省在全国、东部沿海地区及黄河流域的排名及变化，探寻山东省金融高质量发展的制约因素及应对措施；再次，运用泰尔指数、位序规模法则、空间自相关、标准差椭圆等方法，对山东省各地市金融高质量发展水平的时空分异格局进行分析；最后，对省会济南市金融高质量发展展开专题研究，明晰其建设区域性金融中心的有利条件、制约因素和发展路径。

本研究受国家自然科学基金“多尺度视角下长三角城市群金融网络演化格局、机理及优化研究”（项目号：42101163）和山东省自然科学基金“‘全球—地方’视角下区域性中心城市金融产业演化研究：以济南市为例”（项目号：ZR2020QD007）资助。

由于研究水平所限，本书难免存在疏漏和不足之处，希望各界同仁不吝批评指正。

作　者

2024 年 11 月

目 录
Contents

第一章
绪　论

第一节　研究背景与意义

2024 年《政府工作报告》指出："大力推进现代化产业体系建设，加快发展新质生产力。"新质生产力代表着先进生产力的发展方向，是支撑战略性新兴产业和未来产业创新发展的动力来源，是高质量发展的强劲推动力。推动新质生产力发展，迫切需要形成与之相适应的生产关系。在新质生产力发展水平的诸多影响因素中，金融的作用不可替代、不容低估，深刻影响着新质生产力的发展速度、质量和效益[1]。因此，应加快完善金融基础设施体系建设，推动科技、产业与金融融合发展，加大绿色低碳金融供给和提高金融对外开放水平，形成金融高质量发展新格局，为加快形成和发展新质生产力注入澎湃动能。

作为全国重要的经济大省和传统制造业大省，山东省每年的经济发展数据都会成为社会各界关注的焦点，这不仅是对进度如何、能否如期完成的关注，更是对在当前中国经济爬坡过坎、提质增效、转型升级的关键时期，一个主动作为且有担当的大省的信任和期许。面对外部环境复杂性、严峻性、不确定性上升和构建新发展格局的时代背景，山东省有优势、有基础、有条件、有责任加快培育新质生产力。在因地制宜发展新质生产力的过程中，如何有效盘活金融资源，推进金融高质量发展，为新质生产力发展提供源源不断的资金，既是重要的理论问题，也是重要的实践问题。

其中，济南作为山东省省会，在2020年经济工作暨“四个中心”建设推进大会上正式发布《济南建设国家中心城市三年行动计划（2020—2022年）》，为济南建设国家中心城市绘制了蓝图。一方面，新旧动能转换先行区、中国（山东）自贸试验区、黄河流域生态保护和高质量发展三大战略交汇叠加，为济南创建国家中心城市带来了千载难逢的历史机遇；但另一方面，济南也面临着诸多挑战，不仅有来自南京、杭州、沈阳等城市的竞争压力，而且自身在交通、文化、资源转型、金融、人才吸引等方面也存在短板，因此必须拉长长板、补强短板，在全国城市格局中争先进位，为创建国家中心城市创造更为有利的条件。其中金融作为现代经济的核心，推进济南金融高质量发展，打造区域性金融中心，对于济南打造国家中心城市意义重大。

鉴于此，本书聚焦山东省金融高质量发展，从金融自身发展能力、金融支持经济高质量发展能力等方面对山东省及内部各地级市金融高质量发展现状进行评价，探寻影响其金融高质量发展的关键要素，谋划新质生产力培育下金融高质量发展的对策路径，并对济南市金融高质量发展进行专题研究，结合国家中心城市建设对济南金融发展的新要求，探析济南金融高质量发展路径。本书一方面能够丰富和深化金融高质量发展的内涵与动力研究，加强对金融本质和规律的认识，另一方面能够为山东省金融高质量发展、现代金融体系建设、区域性金融中心建设及新质生产力发展提供理论和决策支持。

第二节　研究内容

本书以山东省金融高质量发展为研究对象，综合运用空间分析法、纵向研究法、横向研究法、统计分析法、社会网络分析法等方法，对山东省及内部各地市金融高质量发展历程、现状与不足展开研究。具体研究内容在各章节的分布如下。

第一章主要介绍研究背景和意义，概括研究思路、研究方法和研究创新点。

第二章阐述金融高质量发展评价体系与数据来源。基于金融高质量发展的内涵、核心特征、现实基础和内在要求，从金融自身发展能力、金融支持经济高质量发展的能力两方面构建金融高质量发展评价指标体系，并阐述开展实证研究的数据来源。

第三章对山东省金融高质量发展历程进行梳理。首先，对山东省金融网点资源及资产资源等金融资源规模、金融企业结构及资产结构等金融结构、证券化率及保险深度等金融功能、金融基础设施及对外开放环境等金融保障要素的发展建设情况进行分析；其次，对绿色金融、普惠金融、产业金融和科技金融的政策体系、产品创新、服务生态等的发展建设情况进行分析，对山东省金融高质量发展情况进行综合细致的分析。

第四章对山东省金融高质量发展水平进行评价。首先，从评价体系的各个维度层视角，分析山东省测度得分在全国、东部沿海及黄河流域的排名及变化情况，并从各个指标层出发分析导致其排名高低及变化的原因；其次，对山东省金融高质量综合测度得分的排名及变化情况进行分析；最后，利用障碍度模型分析制约山东省金融高质量发展的制约因素，并提出对策建议。

第五章对山东省各地市金融高质量发展水平的时空分异格局进行分析。首先，对山东省金融高质量发展的时序演进特征进行分析。一方面，根据各地市测度得分的位序高低、变化情况及发展速度，对各地市发展水平的演进趋势进行分析；另一方面，从各地市测度得分的层级分布、总体差异、区域内差异及区域间差异，对各地市发展差异的演进趋势进行分析。其次，对山东省金融高质量发展的空间演变格局进行分析。一方面，借助空间自相关、自然断点分级法对空间分布格局的演变趋势进行分析；另一方面，借助标准差椭圆分析方法对空间分布方向性的演变趋势进行分析。最后，借助障碍度模型，对各地市金融高质量发展的主要障碍因子进行分析并提出对策建议。

第六章对省会济南金融高质量发展展开专题研究。首先，对济南市金融高质量发展历程进行梳理；其次，从微观尺度和经济圈、城市群、黄河流域等宏观尺度对济南市金融产业空间演化格局进行分析；最后，探讨济南金融高质量发展路径。

第三节 研究方法

一、综合评价法

构建综合评价指标体系，对各省（区、市）金融高质量发展能力进行综合评价。首先，选取评价指标，建立评价指标体系。在选取评价指标时，聚焦金融高质量发展内涵，兼顾系统性、典型性、独立性、一贯性、可比性、可操作性、可量化及绝对指标和相对指标相结合等原则，借助文献分析、专家咨询与经验选择等方法选取评价指标，建立包括目标层、维度层、准则层和指标层的评价指标体系，从不同角度、不同侧面反映金融高质量本质特征。其次，收集数据，并对不同计量单位的指标数据进行同度量处理。再次，采用熵值法，确定各评价指标的权重。熵值法是一种基于信息论中熵概念的客观赋权方法[2]，通过计算指标的信息熵，根据指标的相对变化程度对系统整体的影响来决定指标的权重。最后，对经过标准化处理后的指标进行汇总计算，得出综合评价分值。

二、比较分析法

纵向比较法和横向比较法是贯穿全书的研究方法。其中，纵向比较一方面是对不同时期山东及内部各地市各项金融要素的成长变化进行分析，重点分析各项数据指标随时间推移的趋势、阶段性变化以及增长或衰退情况，另一方面是对山东省内部各地市金融高质量发展时空格局的发展变化进行分析，重点分析不同地市金融高质量能力的位序变化、发展速度、差异变化及空间分布重心变化；横向比较一方面是对省际、市际金融高质量发展能力的比较，重点对山东省与其他省级行政区及济南与其他同等城市进行比较，明晰山东省及济南市金融高质量发展的优势与不足，另一方面是对不同金融维度的发展情况进行比较分析，梳理不同金融维度间的相似性和差异性。

三、统计分析法

（一）描述性统计

借助制表、分类、图形以及计算概括性数据来描述数据集中趋势、离散趋势等各项特征。其中在图形制作上，主要绘制柱状图、折线图、雷达图等图形，对数据的分布状态、发展趋势等进行分析；在描述性统计指标上，采用均值测度数据的集中趋势，采用变异系数、极差等测度数据的离散程度和差异程度。

（二）泰尔指数

泰尔指数是衡量地区间发展不平等程度的指标，其数学原理是“熵”，当“熵”值越大时，数据越无序，意味着不平等情况越严重，其优势是可以进行分解，以此衡量组内差距和组间差距对总差距的贡献程度[3]。本书主要采用泰尔指数对山东省各地市金融高质量发展的不平等程度进行测度。其计算公式如下：

$$T = \frac{1}{n}\sum_{i}\sum_{j}\frac{Y_{ij}}{\bar{Y}}\log\frac{Y_{ij}}{\bar{Y}} = T_B + T_W \tag{1-1}$$

$$T_W = \sum_{i}\frac{n_i\bar{Y}_i}{n\bar{Y}} \times \frac{1}{n_i}\sum_{j}\frac{Y_{ij}}{\bar{Y}_i}\log\frac{Y_{ij}}{\bar{Y}_i} \tag{1-2}$$

$$T_B = \frac{1}{n}\sum_{i}n_i\frac{\bar{Y}_i}{\bar{Y}}\log\frac{\bar{Y}_i}{\bar{Y}} \tag{1-3}$$

其中，T 表示总体差异，n 代表样本总数，i 代表经济圈，j 表示地市，Y_{ij}表示 i 经济圈 j 地市的金融高质量测度得分，$\bar{Y}$ 表示山东省各地市的平均值。T_W 表示区域内差异，T_B 表示区域间差异，n_i 表示 i 经济圈的地市数量，$\bar{Y}_i$ 为 i 经济圈金融高质量测度得分的平均值。

（三）金融体系规模分布测度方法

首位度方法是衡量山东省各地市金融高质量测度得分规模分布的重要指标，用于度量首位城市的集聚程度[4]。其计算公式为：$S = P_1/P_2$，其中 P_1、P_2 分别为金融高质量测度得分排名第一位和第二位地市的金融高质量测度得分值。

位序规模法则属于分形理论的一种，从城市规模与位序的关系衡量山东省各地市金融高质量测度得分的等级分布特征，评价山东省金融体系不同等级城市的发育情况[5]。其计算公式为：

$$\ln P_i = a - q\ln R_i \quad (i = 1,2,3,\cdots,16) \qquad (1-4)$$

其中，P_i 为城市 i 的金融高质量测度得分，R_i 为城市 i 金融高质量测度得分位序，q 为待定的齐普夫指数。q 值大于 1，说明规模分布比较集中，大城市很突出，而中小城市不够发育；q 值小于 1，说明规模分布比较分散，高位次城市规模不很突出，中小城市比较发育；q 值接近 1，说明规模分布接近自然状态下的理想结构。当进行多年对比时，q 值变大，说明规模分布趋于集中的力量大于分散的力量；反之，则说明分散的力量大于集中的力量。

（四）障碍度模型

为揭示阻碍山东省及内部各地市金融高质量发展水平提高的限制性因素，引入障碍度模型计算各指标因子的障碍度[6]。其具体计算步骤如下。

第一步，计算因子贡献度 w_{ij}。因子贡献度代表每个指标因子的贡献程度，用各指标因子的权重表示。权重的测度方法同综合评价法一致，均采用熵值法，但不同的是为了对比不同年份障碍因子的差异性，对每一年各指标的权重进行单独计算，即 w_{ij}为第 i 年第 j 项指标的权重。

第二步，计算指标偏离度 K_{ij}。$K_{ij} = 1 - Z_{ij}$，其中 Z_{ij}为第 i 年第 j 项指标极差标准化后的值。

第三步，计算指标障碍度 P_{ij}，其计算公式为：

$$P_{ij} = \frac{w_{ij} \times K_{ij}}{\sum_{j=1}^{m} w_{ij} \times K_{ij}} \qquad (1-5)$$

其中，m 为指标因子的数量，P_{ij}为第 i 年第 j 项指标的障碍度，障碍度越大，表明该指标对金融高质量发展成效水平提升的制约程度越高。

四、空间分析法

（一）空间自相关分析方法

空间自相关分为全局空间自相关和局域空间自相关，其中全局自相关用于度量空间数据的分布特征和相互关系[7]。全局自相关常用的度量统计量是 Moran's I，其计算公式为：

$$I = \frac{n\sum_{i=1}^{n}\sum_{j=1}^{n}W_{ij}(x_i - \bar{x})(x_j - \bar{x})}{\sum_{i=1}^{n}\sum_{j=1}^{n}W_{ij}\sum_{i=1}^{n}(x_i - \bar{x})^2} \tag{1-6}$$

其中，n 为地市总数，x_i 与 x_j 表示各地市 i 和 j 的金融高质量测度得分，$\bar{x}$ 为全部地市金融高质量测度得分的平均值，W_{ij}为空间权重矩阵。Moran's I 指数取值在 -1 和 1 之间，小于 0 表明各地市金融高质量测度得分存在空间负相关，值越小，代表在空间分布上越分散；大于 0 则为空间正相关，表明该指标数值在空间分布上集聚特征越明显；而取值趋于 0 时，则表示空间不相关。

（二）自然间断点分级方法

自然间断点分级方法是一种根据数值统计分布规律分级和分类的统计方法，通过对相似值进行最恰当的分组，使各个类之间的差异最大化，从而在数据值差异相对较大的位置处设置类边界，实现数据的优化分组[8]。通过这一方法，对山东各地市金融高质量测度得分进行分级，共分为高等级、次高等级、中等级、次低等级和低等级，揭示山东各地市金融高质量的等级分布特征。

（三）最邻近分析方法

运用最邻近分析方法，通过计算最邻近指数（NNI）测度研究区域内点要素的实际最邻近平均距离（D_N）与随机分布模式下理论平均距离（D_R）

的比值，用以衡量点状事物的空间分布模式，明晰济南市金融机构的空间分布态势[9]。具体计算公式如下：

$$NNI = \frac{D_N}{D_R} = \frac{\sum_{i=1}^{n} \frac{d_i}{n}}{\frac{1}{2}\sqrt{\frac{A}{n}}} \tag{1-7}$$

式（1－7）中：NNI 为最邻近指数；d_i 为企业 i 与其最邻近企业之间的距离；A 为济南市的面积；n 为济南市金融机构数量。$NNI = 1$，表明济南市金融机构的空间分布状态为随机分布；$NNI < 1$，表明济南市金融机构的分布状态为集聚分布；$NNI > 1$，表明济南市金融机构在空间上的分布状态为均匀分布。

（四）标准差椭圆分析法

标准差椭圆分析法是一种能揭示地理要素空间分布整体性特征的方法，从中心性、分布性、方向性、空间形态等方面多角度反映地理要素的空间分布特征及空间演变过程[10]。其中标准差椭圆的中心表示地理要素的空间分布重心，中心变化趋势可以反映数据在空间上分布的重心偏移；方位角即正北方向顺时针旋转到椭圆长轴的角度，描绘其分布的主趋势方向；扁率即长轴和短轴比值，反映数据分布的方向性，扁率越大表示空间分布的方向性越强；短半轴表示数据分布的范围，短半轴越短表示数据分布的向心力越强，反之则表示数据分布的离散程度越大。

五、社会网络分析法

采用社会网络分析法，从经济圈、省域、黄河流域等不同尺度，对济南对外金融联系网络格局进行分析。

首先，对不同尺度下济南对外金融联系网络进行构建。其中，对于黄河流域视角下城市间金融网络构建，由于不可能穷尽所有的金融机构，主要是选取排名前 50 位的银行、保险与证券行业领先企业作为研究样本。首先，基于中国银行业协会（https：//www. china－cba. net）、证券业协会（https：//

www. sac. net. cn）历年公布的排名数据及各保险公司历年保费收入排名，选取排名前50位的领先企业作为研究样本，其中保险公司分别选取排名前25位的寿险和财险公司，涵盖了国有、股份制和民营等不同性质的全国性和区域性金融机构；其次，借助企查查平台采集各企业总部及分支机构的地理位置、等级等相关信息；最后，借助Taylor提出的链锁网络模型测度两两城市间金融联系[11]，其中银行按照“总部、一级分行、二级分行、支行或分理处”的等级结构分别赋值4分、3分、2分和1分，证券按照“总部、分公司、营业部”的等级结构分别赋值4分、2分和1分，保险按照“总部、分公司、中心支公司、支公司或营销服务部”的等级结构分别赋值4分、3分、2分和1分，未布局则赋值为0，最终构建各年份城市间金融联系矩阵。

对于山东省及内部各经济圈金融网络构建，一方面，为了能够体现出属地金融机构在金融网络构建中的作用，对企业样本进行扩展，选取在省内设有分支机构且满足跨地市设有分支机构的所有银行、保险和证券公司；另一方面，为了明晰各地市内部各县（区）金融网络地位，对研究单元进行细化，以2020年行政区划为基准进行山东省县际金融网络构建，但没有笼统地将各地市市辖区均作为一个行政单元来处理，而是依据各地市城市规划中主城区的空间范围及实际的建成区空间扩张情况，对部分地市市辖区进行了分区处理，仅将城市功能核心区作为一个研究单元，其他市辖区则分别作为一个单元，调整后的研究单元共113个，包括16个地市中心城区、19个其他市辖区、26个县级市和52个县。其次，再借助企查查收集各企业总部及分支机构信息。最后，同样借助链锁网络模型对各县域金融联系进行测度，构建各年份山东省及内部各经济圈金融网络。

在金融网络构建基础上，对网络结构进行分析。在金融网络中心性分析时，利用UCINET软件计算各节点网络中心性，并借助首位度、变异系数等指标测度各节点网络中心性的空间集聚程度和空间不均衡程度；在金融联系格局与方向性分析时，借助自然间断点分级法将县际或城市间金融联系分为5级，其中以最高层级联系网络为骨干网络，以前三个高层级的联系网络为主干网络，并依次选取各节点的首位和前3位的联系流，确定联系流节点，对节点联系的空间指向性进行分析。

第四节　可能的创新之处

本书从理论和实证两个方面对山东省金融高质量发展问题进行研究，试图从以下几个方面有所扩展和创新。

第一，从多维视角综合评价区域金融高质量发展。我国经济已由高速增长阶段转向高质量发展阶段，正处在转变发展方式、优化经济结构、转换增长动力的攻关期，对金融服务也提出了更高要求。因此在这一新时代背景下，衡量金融高质量发展不仅应该包含金融规模、金融结构和金融效率等测度金融自身发展能力的指标，也应该包含科技金融、绿色金融、普惠金融等反映金融支持经济高质量发展能力的关键要素，从金融自身高质量发展能力、金融支持经济高质量发展能力等方面构建金融高质量发展评价体系。

第二，从时空维度深入解析区域金融高质量发展。对区域金融高质量发展的评价需要采取全面和多元的视角，不能仅立足于区域自身，也应将区域金融发展置于大尺度金融体系中进行评价，分析区域在大区和全国金融版图中的地位和作用，以及与其他地区的比较优势和劣势。本书综合运用纵向比较法和横向比较法，从时间演化和空间分异两个维度对山东省及内部各地市金融高质量发展的趋势和特点进行分析，为制定科学合理的金融高质量发展政策和策略提供有力支持。

第三，从网络联系视角透视区域金融产业空间演化格局。金融产业空间网络化发展趋势下，区域金融发展及其内部金融企业发展的路径创造与演化除受自身因素影响外，越来越依赖于它们所嵌入的多尺度金融网络。鉴于此，本书不仅从微观尺度分析济南市金融企业的空间演化特征，也立足网络联系视角，从经济圈、城市群、黄河流域等多尺度分析济南市金融空间联系网络的发展演变，分析济南市金融企业在不同尺度金融网络中的嵌入障碍与升级困境，有针对性地探讨突破路径和未来发展战略，助推济南金融高质量发展和区域金融中心建设。

第二章

金融高质量发展评价体系与数据来源

第一节　金融高质量发展评价体系

一、金融高质量发展内涵

金融高质量发展是一个多维概念。我国经济已由高速增长阶段转向高质量发展阶段，对现代金融体系建设、金融服务实体经济质效也提出了更高要求。在这一新时代背景下，衡量金融高质量发展不仅应该包含金融规模、金融结构和金融效率等测度金融自身发展质量的指标，也应该包含反映金融支持经济高质量发展的关键要素，即绿色金融、普惠金融、产业金融和科技金融的发展水平；同时在协同、开放的新发展理念下，为促进经济发展高水平收敛和高水平对外开放，提高金融辐射力和影响力也是金融高质量发展的一个重要方面，因此金融高质量发展是一个多维概念。

二、金融高质量发展评价体系

基于金融高质量发展内涵，并借鉴既有研究成果[12-17]、考虑数据的可获得性，从金融自身发展能力、金融支持经济高质量发展的能力两方面构建金融高质量发展评价体系（见表2-1）。

表 2-1　　金融高质量发展评价指标体系

目标层	维度层	准则层	指标层	指标说明	指标属性
金融自身高质量发展能力	金融规模	金融组织资源	总部金融	法人金融机构数量（C1）	+
			金融网点密度	每平方公里金融网点数量（C2）	+
		金融资产规模	银行业资产	金融机构存贷款余额（C3）	+
			保险业资产	保费收入（C4）	+
			证券业资产	境内上市公司总市值（C5）	+
	金融结构	金融体系结构	机构多元化水平	银行业非存款类金融机构网点数占银行业全部网点比重（C6）	+
		金融资产结构	资产多元化水平	保险业及证券业资产规模占银行业、保险业及证券业总资产比重（C7）	+
			直接融资占比	企业债券和股票融资占社会总融资比重（C8）	+
	金融功能	金融效率	证券化率	上市公司总市值与 GDP 之比（C9）	+
			金融劳动生产率	金融增加值与金融从业人员的比值（C10）	+
		金融深化	金融贡献度	金融业增加值与 GDP 之比（C11）	+
			保险深度	保费收入占 GDP 的比重（C12）	+
	金融保障	金融基础设施	金融服务可获得性	每万人拥有的金融机构数量（C13）	+
		金融对外开放环境	金融营商环境	外资银行分支机构数量（C14）	+
			跨境金融服务能力	境外投资规模（C15）	+
金融支持经济高质量发展能力	绿色金融	绿色金融市场	工业领域绿色信贷	非高耗能工业产业利息占工业总利息支出占比（C16）	+
			环境领域绿色信贷	环保项目绿色贷款占比（C17）	+
			绿色证券	绿色债券（C18）	+
		绿色投资	政府支持	节能环保财政支出（C19）	+
	普惠金融	金融包容	农业保险深度	农业保费收入与农业增加值之比（C20）	+
			数字普惠金融	数字普惠金融指数（C21）	+
		小微金融机构发展	小微银行	每万名农民拥有的村镇银行数量（C22）	+
			非银行金融机构	小额贷款公司数量（C23）	+
	产业金融	供应链金融	商业保理行业发展	商业保理公司数量（C24）	+
			财务公司行业发展	财务公司数量（C25）	+
	科技金融	金融基础	科技企业融资能力	创业板与科创板上市公司数量（C26）	+
		政策体系	政策支持力度	科技金融政策支持指数（C27）	+
		科技基础	科技创新能力	每万人发明专利授权量（C28）	+

第二节　数据来源

一、金融企业数据

银行业、保险业金融机构数据来源于国家金融监督管理总局（https：//www. cbirc. gov. cn/），获取银行、信托、金融租赁、人身险、财产险、资产管理等各类银行业及保险业金融机构的名称、成立与注销时间、地理位置、等级等企业属性数据；证券业金融机构数据来源于中国证券监督管理委员会（http：//www. csrc. gov. cn/）及所辖各省、自治区、直辖市和计划单列市证监局，获取证券、期货、基金等各类证券业金融机构的名称、地理位置、等级等企业属性数据；银行业、保险业和证券业金融机构的其他属性信息，以及其他类型金融机构数据以企查查（https：//www. qcc. com/）这一官方备案的企业征信机构为基础数据来源，该网站是企业大数据服务平台，能够提供金融企业的名称、成立与注销时间、经营状态、所属的行业大类及中类、地理位置、所有制类型、注册资本、总部或分支机构、股东信息、对外投资信息、股权变更信息等企业属性数据。为了防止可能存在的统计错误和异常值，随机抽取部分企业数据与国家企业信用信息公示系统进行验证和检查。另外，对于金融企业其他信息，用企业官网、企业年报等作为补充，最终构建涵盖研究区所有金融企业的企业基础信息数据库。

二、社会经济数据

各省及各地市金融发展数据主要来源于各省、市国民经济和社会发展统计公报、统计年鉴及金融年鉴与《中国城市统计年鉴》《中国统计年鉴》《中国金融年鉴》《中国保险年鉴》《中国证券期货统计年鉴》《中国工业统计年鉴》，国家金融监督管理总局、中国证券监督管理委员会及各省、市的政府门户网站、地方金融监督管理局等网站的公开数据，以及清科、wind 等第三方数据库。各省、市经济发展水平等社会经济统计数据则主要来自各省、市统计公报及统计年鉴与《中国城市统计年鉴》《中国统计年鉴》《中国劳动统计年鉴》等。

三、其他数据

各省及各地市上市公司名录来源于中国证券监督管理委员会及所辖各省、自治区、直辖市和计划单列市证监局，上市公司的证券代码、所属行业、上市年份等其他属性信息来源于 wind 数据库；绿色债券的发行额、发行主体、发行地区、发行时间等信息来源于 wind 数据库；各省及各地市科技金融指数来自百度新闻高级检索相关关键词的结果数量；各省及各地市数字普惠金融指数来源于北京大学数字金融研究中心发布的数字普惠金融指数。

第三章

山东省金融高质量发展历程

第一节　山东省金融自身发展能力演进

一、金融规模发展演进

（一）金融网点资源

1. 银行网点资源

（1）属地银行。

山东省银行业法人机构数量稳定增长，截至2023年底，共拥有14家城市商业银行（以下简称“城商行”），110家农村商业银行（以下简称“农商行”），126家村镇银行，1家全国性股份制银行和民营银行。

在属地城商行发展上，在20世纪90年代后期城市信用社向城商行改制的政策推动下，山东省城商行数量取得快速增长，仅1996—1998年就陆续涌现7家城商行，21世纪初期陆续新增7家城商行，2006年之后无新增城商行。14家城商行分布在13个地市，其中济南拥有齐鲁银行和莱商银行2家城商行，而滨州、菏泽、聊城3市缺少地方性商业银行。

山东省城商行资产总规模也取得显著增长，从2010年不足4000亿元到2023年突破3.60万亿元，年均增速16.8%。但在总资产不断增加的同时，各城商行资产规模分化也越发明显（见图3－1），各银行资产规模变异系数从2010年的0.58增高至2023年的0.65，极差则从755.9增长至5615.0。从2010年以来年均增速看，济宁银行以22.6%的增速居首位，促使资产规模排名从倒数第2位提高至第8位；青岛银行增速居第2位，自2012年赶超齐鲁银行后，资产规模一直位居榜首；东营银行、日照银行和莱商银行增速也较快，高于全省平均增速；德州银行增速则位居末位，年均增速仅12.1%，资产规模尚未突破千亿元；烟台银行、临商银行增速也较低。

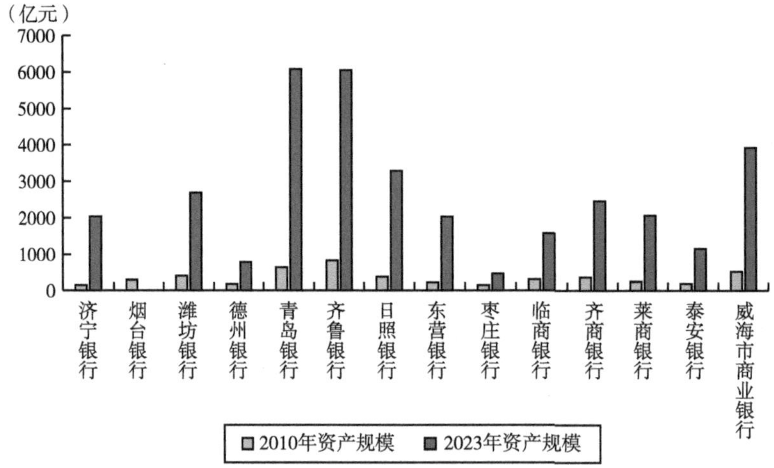

图3－1　2010年和2023年山东省各城商行资产规模

与全国其他省（区、市）相比，山东省城商行数量优势显著，与辽宁省并列全国首位，这和山东省城商行发展模式有一定关系。和江苏、安徽、河南、湖南等省合并省内较小城商行组建省级城商行不同，山东省城商行未进行过重组整合，这也导致了山东省各城商行资产规模总体偏小（见图3－2）。根据各城商行2022年资产规模数据，省内首位银行青岛银行在125家全国城商行中仅排名第22位，与北京银行、江苏银行、上海银行、南京银行等万亿城商行相比存在较大差距，省内第2位齐鲁银行居第25位，其余城商行均在100名开外，排名较低，枣庄银行更是居第121位。小而分散的城商行发展模式导致山东省城商行资产总规模居各省（区、市）第5位，平均资产规模则仅居第23位。

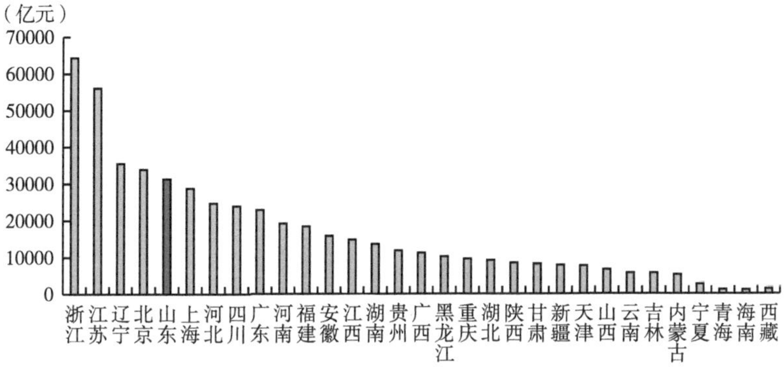

图3-2 2022年各省(区、市)城商行资产总规模

在属地农商行、农村合作银行、农村信用社(以下简称“农信社”)等小型农村金融机构发展上，在深化农信社改革的政策推动下，山东省于2004年全面开启农信社改革，组建山东省农村信用社联合社，依法履行对全省农村信用社管理、指导、协调和服务职责，以打造多元化、本土化股权结构为目标，重点引入本地的优质民营企业、农业产业化龙头企业、农民专业合作社、家庭农场、个体工商户、农村种养大户和社会自然人等投资入股，同时积极吸引省管企业投资入股省内农商行，并于2016年全面完成农信社改革，共组建110家农村商业银行，分布在省内16个地市。

伴随着农信社的深化改革，山东省农商银行系统资产总额取得稳定增长，从2010年的8510亿元到2023年突破3.5万亿元，年均增速11.6%，低于城商行系统，且各银行平均资产规模也低于城商行。各农商行资产规模分化也较为显著，青岛农村商业银行作为山东农商银行龙头，2019年成功登陆深圳证券交易所，成为全国最年轻的A股上市银行和长江以北第一家A股上市的农商银行，2023年资产规模达4679.4亿元，在中国银行业协会公布的2023年中国银行业100强榜单中综合实力居第59位，是山东省唯一上榜农商行，在全国1569家农商行中居第10位；其他农商行资产规模则偏低，除济南农村商业银行外，资产规模均未破千亿元。

与全国其他省(区、市)相比，山东省农村金融机构数量优势显著(见图3-3)，农商行、农村合作银行与农村信用社总量与山西省并列第4位，其中农商行数量居首位，这和山东省县域经济发达，且是率先完成农信社改革的省份之一有关。资产规模也位居前列，2022 年山东省农商系统资产总额仅次于广东、浙江和江苏，居第 4 位。

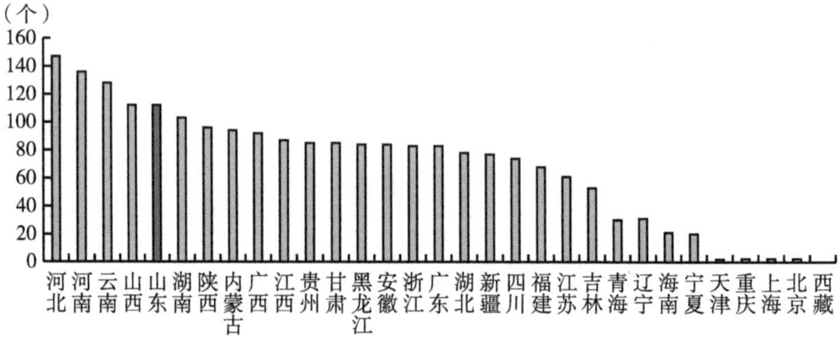

图 3 – 3　2023 年各省（区、市）小型农村金融机构数量

在属地村镇银行等新型农村金融机构发展上，继 2008 年 11 月由北京农商银行发起设立的山东省第一家村镇银行青岛即墨京都村镇银行成立以来，山东省村镇银行数量取得显著增长（见图 3 – 4），不断丰富山东省农村金融体系，尤其是 2011—2016 年增速明显加快。截至 2016 年底，山东省村镇银行数量增至 126 家，之后村镇银行数量保持稳定。另外，在山东省潍坊市，诸城市相州镇泰丰农村资金互助社作为社区性新型农村金融机构，充分利用当地资源和区域化优势，通过“建立社员档案、现场用途考察、贷款及时到位”的便农信贷服务措施，有力支持和帮助社员的生产和经营活动。

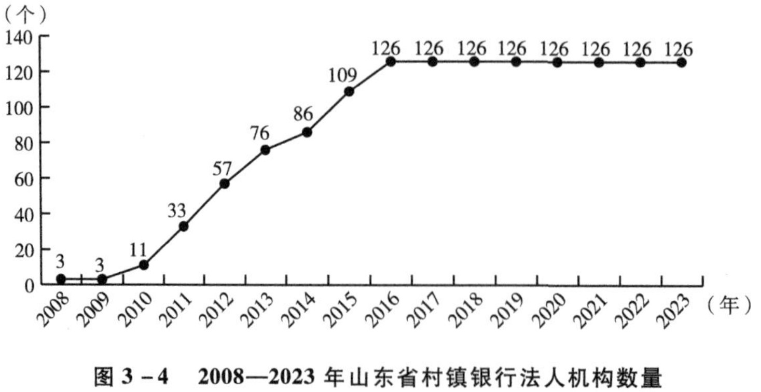

图 3 – 4　2008—2023 年山东省村镇银行法人机构数量

在村镇银行主发起行上，山东省初期以省外农商行为主，上海农商银行、成都农商银行发起设立的村镇银行较多，2013 年以来省内农商行逐渐占据主导地位，其中莱州农商银行控股村镇银行数量最多，分布在济南、淄博、菏泽、济宁、潍坊等地；另外中国银行也是发起设立村镇银行的主力，并通过完成原中国建设银行在山东组建的5家村镇银行和原国家开发银行在山东组建的1家村镇银行的股权收购后，在山东省设立的村镇银行扩展至18家。

在村镇银行资产规模上，和其支农支小的市场定位相符，山东省各村镇银行单体规模小，平均注册资本为0.94亿元，低于农商行8.6亿元的平均注册资本，资产总额也仅破1800亿元；服务客户也最基层，实现全省78个县（市）全覆盖，其中在邹平市先后布局2家村镇银行。

与全国其他省（区、市）相比，山东省村镇银行数量优势显著（见图3-5），位居首位，这缘于山东省作为农业大省、农业强省，乡村振兴和农业产业化建设需要补齐县域、小微企业、新型农业经营主体等金融服务短板，而村镇银行作为“小法人”新型农村金融机构，能够以更接地气、更加灵活的方式打通金融服务乡村振兴的“最后一公里”。在资产规模上，2022年山东省占全国村镇银行总资产的8.18%，略大于7.70%的数量占比，但村镇银行良莠不齐、两极分化的趋势已开始显现，发展较快的村镇银行存贷款规模已突破40亿元，其中寿光张农商村镇银行、金乡蓝海村镇银行和章丘齐鲁村镇银行荣登中国村镇银行发展论坛组委会评定的2023年度“全国百强村镇银行”榜单，而多数村镇银行不足10亿元，处于成长期的新型金融机构发展仍面临不少障碍。

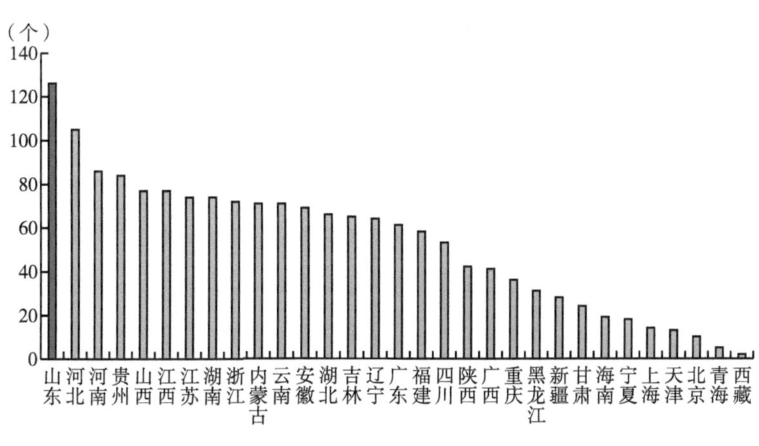

图3-5 2023年各省（区、市）村镇银行法人机构数量

在属地股份制银行发展上，伴随着烟台住房储蓄银行于 2003 年改制为股份制商业银行，第 11 家全国性股份制商业银行即恒丰银行花落山东省。但受贪腐问题影响，自 2018 年起恒丰银行盈利大幅缩水，资产质量急剧恶化。在生死危难之际，恒丰银行凝心聚力，剥离不良资产，引进战略投资，经营情况取得明显改善，但其资产规模、净利润、营业收入等经营表现仍居于 12 家股份行末流，且是唯二未上市的股份制银行之一。

另外，在属地民营银行发展上，成立于 2017 年的威海蓝海银行是山东省首家民营银行，全国第 12 家民营银行，以打造交易型、平台型、轻资本的 O2O 类互联网银行为战略定位，以服务蓝色经济为特色。2022 年资产规模超 500 亿元，在 19 家民营银行中居第 11 位，与微众银行、网商银行等存在显著差距，但盈利能力相对较强，2022 年净利润 6.08 亿元，居第 5 位，资产质量居中等水平，2022 年不良贷款率为 1.24%。

（2）展业银行。

凭借区位优势、金融市场规模优势和产业优势，山东省展业银行网点众多。在国有商业银行方面，截至 2023 年底，拥有 12 个一级分行，104 个二级分行，营业网点数超 7170 个；在股份制银行上，拥有域外 11 家股份制银行的 128 个分行，营业网点 1020 个；在城农商行方面，山东省拥有北京银行、天津银行、河北银行 3 家省外城商行分支，拥有江苏张家港农村商业银行 1 家省外农商行分支；在外资银行上，山东省已吸引东亚、汇丰、渣打、恒生、富邦华一、星展银行共 20 家外资银行入驻。

伴随着属地银行的发展和域外银行的展业扩张，山东省银行机构网点数量不断增多，截至 2023 年底，网点数超 15000 家，每万人拥有网点数量 1.53 家。

（3）银行业非存款类金融机构。

在信托发展上，截至 2023 年底，山东省拥有山东省国际信托、陆家嘴信托 2 家信托公司。在公司数量上，山东省在各省（区、市）居中等水平；在公司综合实力上，2 家公司 2022 年资产规模在 68 家信托中分别排名第 17 位、第 26 位，与上海、北京、广东、江苏、浙江、陕西等省（市）相比在数量与综合水平上均差距较大。

在金融租赁发展上，截至 2023 年底，山东省拥有汇通金融租赁、通达金融租赁、青银金融租赁共 3 家金融租赁公司。在公司数量上，山东省在各省

（区、市）居中等水平；在公司综合实力上，3 家公司 2022 年资产规模在 70 家金融租赁公司中居中游水平，其中汇通金融租赁资产规模最高，超 300 亿元，但与交银金租、国银金租等千亿级金融租赁公司有显著差距。

在企业集团财务公司发展上，截至 2023 年底，山东省拥有山东重工集团财务、南山集团财务等 18 家财务公司，在数量上具有一定规模优势，居各省（区、市）第 4 位，仅次于北京、广东和上海。

在汽车金融和消费金融机构发展上，山东省拥有重汽汽车金融有限公司 1 家汽车金融公司，拥有海尔消费金融有限公司 1 家消费金融公司，在各省（区、市）居中游水平，但缺失贷款公司与货币经纪公司等金融机构。

2. 保险网点资源

（1）属地保险公司。

山东省拥有德华安顾人寿、和泰人寿 2 家寿险公司，先后成立于 2013 年和 2017 年，2 家公司资产规模都呈稳定增长趋势，但营业收入波动起伏较大，2023 年保险业务收入分别为 19. 77 亿元和 23. 25 亿元，在 75 家全国寿险公司中分别居第 66 位和第 64 位；拥有泰山财险、华海财险、中路财险 3 家财险公司，先后成立于 2010 年、2014 年和 2015 年，3 家公司历年营业收入也有一定起伏，2023 年保险业务收入分别为 29. 14 亿元、21. 13 亿元和 18. 15 亿元，在 88 家全国财险公司中分别居第 38 位、第 43 位和第 45 位。

与全国其他省（区、市）相比，山东省寿险和财险法人机构数量和辽宁、浙江、天津并列第 5 位（见图 3 – 6），但在公司综合实力上，山东省各保险公司表现欠佳。另外，山东省缺乏专业健康险公司和养老保险公司，也缺乏保险资产管理公司、再保险公司和农村保险互助社等其他保险机构。

另外，山东省各类保险专业中介机构发展也较为快速，在促进保险产品销售、拓宽保险服务领域、完善保险市场机制等方面发挥重要作用。截至 2023 年底，山东省共有保险专业代理机构 154 家，保险经纪机构 13 家，保险公估机构 39 家，其中保险专业代理机构和保险公估机构数量优势显著，在各省（区、市）均居第 3 位，保险经纪机构数量相对较少，居第 6 位。

（2）展业保险公司。

得益于保险市场规模优势，山东省展业保险公司众多，截至 2023 年底，

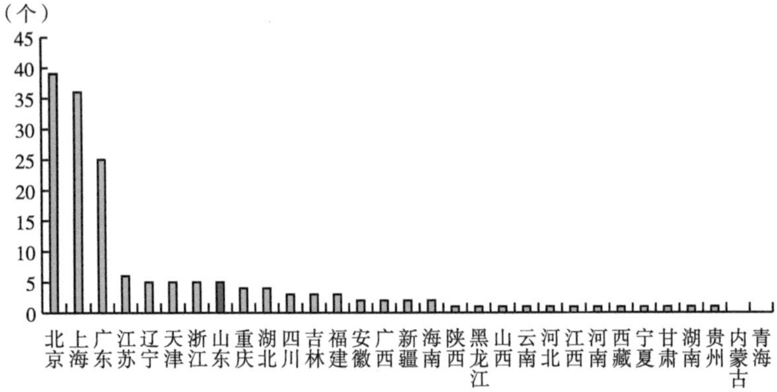

图 3－6　2023 年各省（区、市）寿险和财险法人机构总数量

吸引省外 85 家财险公司中的 41 家机构入驻，省外 73 家寿险公司中的 47 家机构入驻，并吸引 3 家专业健康险公司和 4 家专业养老保险公司入驻。

伴随着属地保险机构的发展和域外保险机构的展业扩张，山东省保险机构网点数量不断增多，截至 2023 年底，网点数量超 7000 家，每万人拥有网点数量达 0.72 家。

3. 证券网点资源

（1）属地证券金融机构。

山东省拥有中泰证券股份有限公司、联储证券股份有限公司、中信证券（山东）有限责任公司和国联证券资产管理有限公司 4 家证券公司法人机构。其中中信证券（山东）有限责任公司是国内龙头券商中信证券的全资子公司，其前身为 1988 年经中国人民银行总行批准、中国人民银行青岛市分行出资 800 万元设立的“青岛证券公司”，2004 年 4 月完成由中信证券股份有限公司出资控股的增资重组；国联证券资产管理有限公司是总部位于无锡的国联证券全资资管子公司，于 2023 年 9 月获批成立，注册地位于青岛上合示范区，能够填补山东省券商类资管业态的空白，有效助力青岛乃至山东省构建现代金融产业链，完善金融产业新生态。

中泰证券长期扎根山东市场，而联储证券总部于 2021 年才由深圳迁往青岛。2 家公司综合发展水平也存在一定差异，2023 年中泰证券营业收入达 127.62 亿元，在证券公司中居第 15 位，而联储证券营业收入仅 7.56 亿元，居于下游水平。

在券商数量上（见图 3－7），山东省处于全国各省（区、市）中游水平。在券商综合实力上，中泰证券有一定竞争力，但和中信证券、华泰证券等头部券商相比仍存在较大差距，联储证券营收近年来增长乏力，未来随着青岛全国首个财富管理金融试验区建设的推进，必须力争形成与青岛市的战略合作关系，才能在助力区域实体经济发展的同时，促进公司高质量发展。

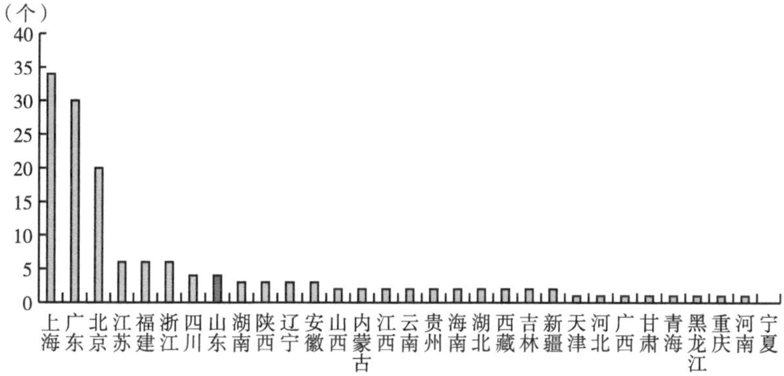

图 3－7　2023 年各省（区、市）证券公司法人机构数量

在资管子公司发展上，山东省仅国联证券资产管理有限公司 1 家券商资管子公司，仍有很大发展空间。中泰证券于 2014 年成立资管子公司，但注册地位于上海。资管子公司较少，导致山东省证券公司投资银行业务和资产管理业务收入较低，占全部营业收入的比重偏低（见图 3－8），在全国各省（区、市）处于下游水平。

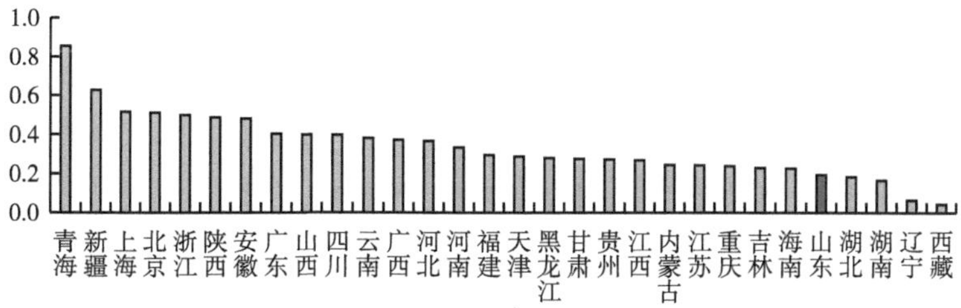

图 3－8　2022 年各省（区、市）证券公司投资银行业务和资产管理业务占四项营收比重

注：所属辖区按证券公司总部注册地划分；2022 年总部注册地位于宁夏的证券公司数量为零。

另外，在证券投资咨询机构发展上，山东省拥有山东神光咨询服务有限责任公司、青岛大摩证券投资有限公司和山东阿牛智投资本管理有限公司 3 家咨询机构，先后成立于1996年、1997年和2000年，在咨询机构数量上处于全国各省（区、市）中上游水平。

在期货公司发展上，山东省拥有齐盛期货、汇鑫期货、中泰期货和港信期货共4家期货公司，先后成立于1993年、1995年、1995年和2021年。在总部数量上，山东省居各省（区、市）中等水平（见图3-9），与上海、广东、北京、浙江和江苏等省（市）有一定差距；在公司综合实力上，中泰期货综合实力较强，在2023年期货公司分类评级排名中，和其他21家公司评级为最高等级AA级，其余3家公司均位于中等水平，港信期货评级为BBB级，齐盛期货、汇鑫期货均评级为BB级，导致山东省期货公司总营业收入在各省（区、市）排名和数量排名较为一致，也位于中等水平。

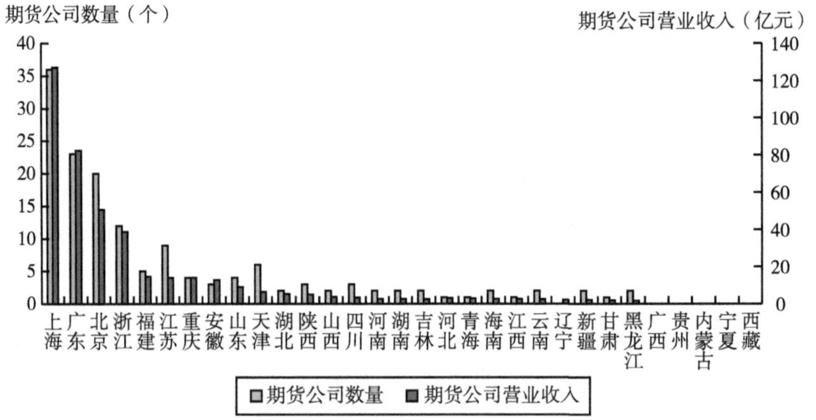

图3-9　2023年各省（区、市）期货公司数量和2022年营业总收入

注：期货公司及其营业部所属辖区按各自注册地进行划分。

在公募基金发展上，山东省拥有新沃基金、兴华基金2家公募基金管理人，先后成立于2015年和2020年，注册地均位于青岛，但新沃基金当前实际办公地址位于北京，存在注册地址和办公地址不一致的情况。新沃基金、兴华基金均属于中小型基金公司，2023年资产管理规模分别为52.99亿元和65.96亿元，在158家公募持牌机构中分别居第139位和第125位，处于下游水平。

和各省（区、市）相比，在公募基金管理人数量上，不管按基金公司办公地址还是注册地址划分所属辖区，山东省均处于中上游水平，在公募基金管理领域占有一席之地，但管理人综合实力较弱，管理费用总收入和净资产均较低，2023 年在已拥有公募牌照的 9 个省（区、市）中仅高于四川和安徽，居第 7 位，和广东、上海、北京有显著差距。

另外，山东省私募投资基金管理机构数量众多，截至 2023 年底山东省在中国证券投资基金业协会登记的存续私募基金管理人 768 家，与上年同期 826 家净减少 58 家，且集中分布在青岛和济南，两市合计占全省总量的 73.96%。但管理基金数量和基金规模保持稳健发展态势，2023 年管理基金数量 4028 只，与上年同期相比净增加 318 只，基金规模达 3686.23 亿元，在全国排名第 7 位。

（2）展业证券金融机构。

随着居民可支配收入的增加及居民理财意识的提高，来山东省展业的证券机构不断增多。截至 2023 年底，共有省外 88 家证券公司在山东省设立 117 个分公司，营业网点 476 个，加之属地证券公司的本地化扩张，总营业网点达 690 个，但每万人网点数量仍低于银行和保险机构，仅为 0.07 家。另外，共有省外 99 家期货公司在山东省设立 97 个分公司，营业网点 168 个，加之属地期货公司的本地化扩张，总营业网点 186 个；但在山东省展业的公募基金管理人相对较少，截至 2023 年底，共有诺德基金、汇安基金、嘉实基金、华夏基金和银华基金在山东省开设分公司，且集中于青岛与济南两市。

4. 金融业总网点资源

对山东省金融行业企业总数量进行查询统计，截至 2023 年底，山东省存续、在业金融行业企业近 46000 个，包括银行类、证券类、保险类、担保类、金融资产管理公司类、金融控股公司、金融投资运营公司及其他金融企业类型。金融服务的覆盖度也不断提升，2023 年每万人拥有的金融企业数为 4.55 家，是 2010 年的 3.11 倍，其中每万人拥有的银行机构网点、保险机构网点、证券机构网点分别为 1.53 家、0.72 家和 0.07 家，差异较大。

（二）金融资产资源

1. 银行资产规模

伴随着银行网点的规模扩张，2010 年以来，山东省金融机构存、贷款余额均取得稳定增长（见图 3－10），截至 2022 年底，金融机构存、贷款余额分别为 146076.0 亿元、123994.8 亿元，年均增速分别为 11.03%、11.81%，均略低于全国平均水平。

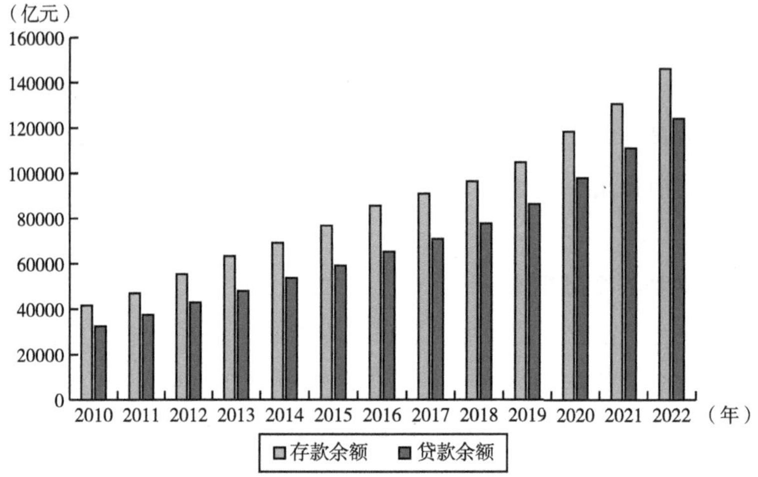

图 3－10　2010—2022 年山东省金融机构存、贷款余额

在人均水平上，山东省人均存贷款亦保持稳定增长，2022 年达到 26.57 万元/人，人均储蓄存款也从 2010 年的 2.06 万元/人增长到 2022 年的 8.37 万元/人，略低于全国平均水平 8.58 万元/人。

与全国其他省（区、市）相比（见图 3－11），山东省本外币存款余额居第 6 位，和 2010 年保持一致，贷款余额排名相对靠前，居第 4 位，相比于 2010 年赶超了北京和上海，存贷款余额总额则居第 6 位，低于广东、江苏、北京、浙江和上海，均落后于其生产总值排名，这和山东省以重工业和农业为主的产业结构、居民储蓄习惯有关，导致山东省生产总值总量虽高于浙江，但存、贷款规模不如以轻工业和服务业为主导、民营经济发达的浙江。在人均水平上，山东省 2022 年人均存贷款居第 12 位，人均储蓄存款排名相对靠后，从 2010 年的第 12 位降至第 14 位。

2. 保险资产规模

伴随着居民、企业对于保险产品需求的增加，山东省保费收入呈稳定增长态势，从 2010 年的 1030 亿元增长至 2022 年的 3410 亿元，年均增速 10.49%，略高于全国平均水平，但低于山东省存贷款增速。人身险和财产险保费收入则

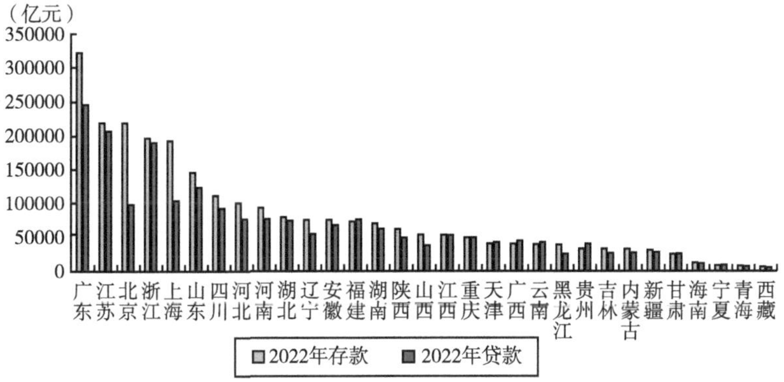

图 3－11　2022 年各省（区、市）金融机构本外币存、贷款余额

分别增长至 2379 亿元和 1031 亿元，其中财产险年均增速较高，为 11.11%。

在人均水平即保险密度上，山东省保费密度从 2010 年的每人 1075 元增长至 2022 年的 3356 元，略高于全国平均水平 3326 元/人。

与全国其他省（区、市）相比（见图 3－12），山东省保费收入居第 3 位，和其 GDP 排名高度一致，且和 2010 年位序保持一致，但在增速上落后于广东、江苏、浙江等省，尤其是第 4 位的浙江省增速较快，未来有可能赶超山东省；保险密度排名较为靠后，但排名有所上升，从 2010 年的第 10 位提高至 2022 年的第 7 位。

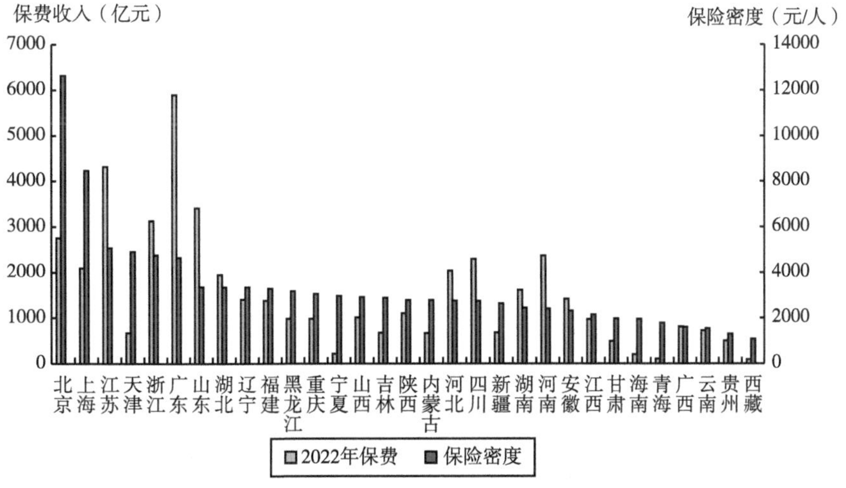

图 3－12　2022 年各省（区、市）保费收入和保险密度

3. 证券资产规模

2010 年以来，伴随着人均收入水平的提高和理财意识的提高，山东省资本市场取得快速发展，2022 年证券投资者资金开户数增长至 1487.4 万户，证券营业部代理证券交易额增长至 22.85 万亿元，相较于 2010 年增加约 10 倍，期货公司代理交易额也取得显著增长，2022 年达到 33.79 万亿元。

山东省上市公司数量和市值也保持稳定增长，2023 年底 A 股上市公司数量达到 307 个，且 2023 年新增上市公司多集中在深交所创业板以及北交所，大多数为新兴企业，具有较高的成长性和创新性，A 股市值达到 3.57 万亿元，相较于 2010 年增长 3 倍多。

与全国其他省（区、市）相比（见图 3－13），山东省在 A 股上市公司数量和市值上均居第 6 位，和 2010 年相比较为一致，上市公司发展规模始终低于广东、北京、上海、江苏和浙江五省（市），且与广东、江苏和浙江的差距呈扩大趋势。

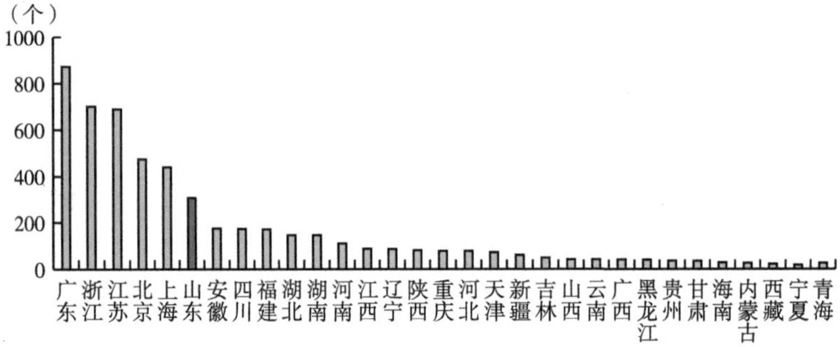

图 3－13　2023 年各省（区、市）A 股上市公司数量

4. 金融业总资产规模

鉴于数据的可获得性，以银行存贷款余额、保费收入和股票市值分别表征银行业、保险业和证券业资产，并以三行业资产之和表征山东省金融总资产规模。2022 年，山东省金融总资产规模达 31 万亿元，在各省（区、市）中居第 6 位。

二、金融结构发展演进

（一）金融企业结构

在金融企业内部结构上（见图 3－14），货币金融服务类企业始终占据主导地位，2010 年占比超过 1/2，但所占比例有所降低，2023 年底已低于 2/5；保险服务类企业占比次之，但所占比例有一定降低，从 2010 年的 32% 降至 22%；资产市场服务类企业占比则呈显著增长趋势，从 2010 年不足 1/10 提高至 1/5，金融体系结构的多元化水平有所提高。

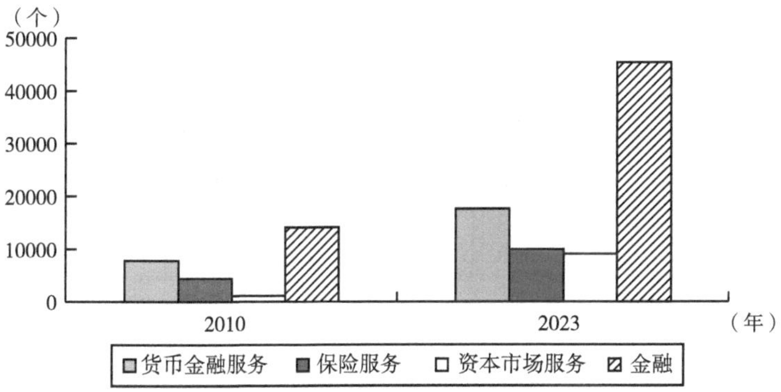

图 3－14　2010 年、2023 年山东省各类型金融企业数量

在金融企业所有制结构上，对山东省各类银行网点按照银行所有制类型进行分类统计（见表 3－1）。可以发现，国有商业银行网点数量庞大，占全省银行网点比重虽有所下降，但 2023 年依然以几乎半壁江山的比重高居榜首，尤其是邮政储蓄银行依托邮政已有的庞大网点和覆盖范围，网点扩张规模显著；农信社、农商行等农村合作机构网点数量次之，但所占比重有所降低；股份制银行、城商行、村镇银行和外资银行网点所占比重均有一定提高，不断建立起多元化、多层次的银行业体系。

表 3－1　2010 年和 2023 年山东省各类型银行网点数量占比　　单位：%

年份	国有商业银行	政策性银行	股份制银行	城商行	农村合作机构	村镇银行	外资银行
2010	52.51	0.95	2.68	4.43	39.13	0.09	0.20
2023	45.68	0.82	7.35	10.40	31.40	4.11	0.24

（二）金融资产结构

1. 银行业资产结构

在存款结构上，2010 年以来山东省住户存款比重呈波动增长趋势，尤其是 2017 年后增速明显，2022 年比重达到 58.21%，显著高于 45.84% 的全国平均水平，在各省（区、市）居第 11 位（见图 3－15）。

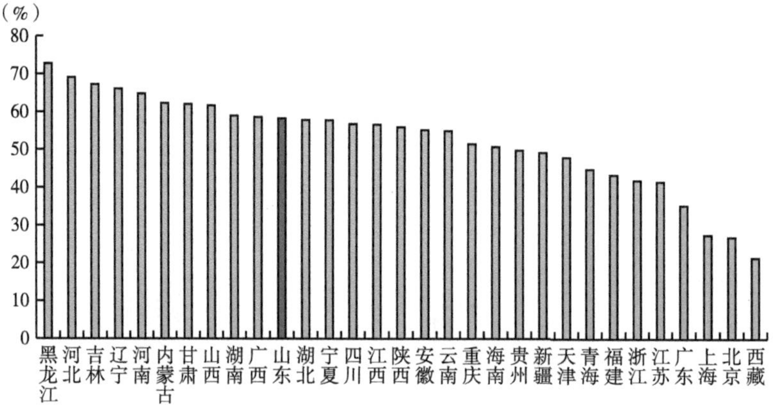

图 3－15　2022 年各省（区、市）住户存款比重

在贷款内部结构上，2010 年以来短期贷款比重呈先上升后下降趋势，转折点为 2014 年，2022 年下降至 30.57%，中长期贷款比重则有所上升，2022 年增长至 61.27%，融资租赁和票据融资在各项贷款中的比重也有所上升，其中票据融资所占比重相对较高，2022 年达到 6.22%。在贷款行业结构上，制造业始终是信贷支持的重点领域，这和山东省产业结构有关，但所占比重有所降低，从 2010 年的 42% 降至 2022 年的 22%；以融资平台为主的租赁和商务服务业贷款比重则显著上升，尤其是投资与资产管理等细分领域增长显著，从 2010 年的 5% 增加至 2022 年的 15%；交通运输、仓储邮政业及水利、环境和公共设施管理业等基建行业贷款比重上升趋势也较为显著，其大部分市场主体以国央企背景的企业为主，对融资成本、授信金额与期限要求较高，且议价能力较强，是大型银行的主要信贷投向行业。

基于《山东金融年鉴 2022》，对 2021 年山东省不同类型银行的存、贷款占比进行统计，进一步揭示银行业资产结构（见表 3－2）。可以发现，凭借品牌影响力和信誉度优势，6 家国有大行是吸收存款的主力，尤其是邮政储蓄银行吸收存款规模增速显著，但伴随着中小银行的发展和存款产品的多元化，国有商业银行存款占比有所下降，从 2010 年的 55.19% 下降至 43.01%；城商行存款比重显著增加，从 2010 年的 9.23% 增加至 15.69%；农村商业银行、村镇银行等农村金融机构存款占比也有一定增加，两者所占比重已接近 1/5；另外，汽车金融机构、消费金融机构、金融租赁公司等新型金融机构吸收存款能力也有一定提高，但三者所占比重仅为 1%。

在不同银行贷款规模上，3 家政策性银行积极发挥跨周期、逆周期调节作用和国家政策性金融的引导和带动作用，不断加大对山东省大型基建、进出口行业、农业发展等领域的信贷支持，不断扩大新增贷款规模，2021 年贷款占比高达 10.44%，显著高于其存款占比；国有商业银行贷款占比和其存款占比保持同步下降趋势，始终低于其存款占比；农商行和城商行贷款占比均低于其存款占比，尤其是农商行贷款占比低于其存款占比近 4 个百分点。

表 3－2　　2021 年山东省存、贷款结构　　单位：%

银行类别	存款占比	贷款占比
国有商业银行	43.01	38.41
政策性银行	0.97	10.44
股份制银行	16.44	17.42
城商行	15.69	14.33
农商行	18.60	14.82
村镇银行	1.13	1.05
外资银行	0.27	0.35
其他	3.90	3.18

2. 保险业资产结构

在保费收入结构上，2010 年以来，山东省人身险保费收入始终占据主导地位，所占比重在 60%～75% 波动，于 2015 年触底反弹，但 2020 年之后又有所降低，2022 年为 69.77%，低于全国平均水平，在各省（区、市）居第 19 位（见图 3－16）。

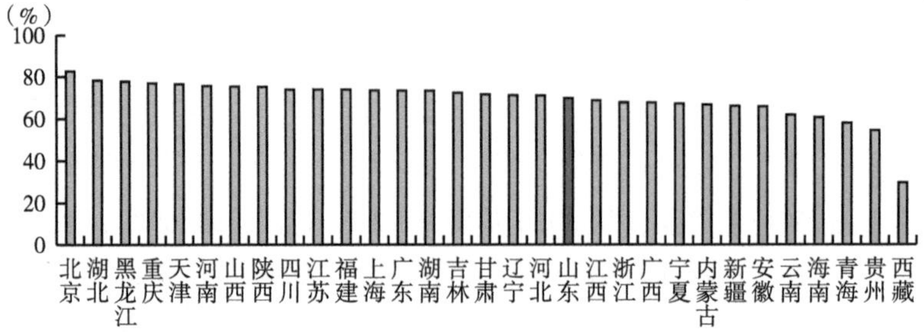

图 3-16　2022 年各省（区、市）人身险保费收入比重

在人身险保费收入结构上，人寿保险保费收入始终占据主导，但所占比重有所降低，2022 年降至 73.26%，而随着人口结构老龄化、居民潜在医疗保障需求增多和健康保险产品的多元化，健康险保费所占比重呈快速增长趋势，2022 年所占比重从 2010 年的 6.72% 增长至 25.16%。

在财产险保费收入结构上，机动汽车保险始终占据主导，但所占比重显著降低，2022 年所占比重从 2010 年的 83.37% 降至 59.58%；农业保险市场呈现不断增长态势，2022 年保费规模从 2010 年的 2.50 亿元增长至 69.53 亿元，低于广东、河南和新疆，和黑龙江、内蒙古和江苏等省（区）相差不大，和其第一农业产值大省的地位相比仍存在较大发展空间，所占比重从 2010 年的 0.84% 提高至 6.74%，仍低于全国平均水平。另外，随着强制投保责任保险的领域逐步扩大以及社会管理的需求增多，责任险保费规模逐步提升，2022 年所占比重提高至 5.97%；信用保证保险市场也不断发展，2022 年所占比重提高至 5.96%。

3. 证券业资产结构

2010 年以来，山东省股票、债券等资本市场融资工具取得了长足发展，尤其是债券融资规模取得显著增长，2023 年全年占同期社会融资规模的比重从 2010 年的 7.4% 提高至 31.6%，其中政府债券增长快于企业债券，2023 年其债券余额占债券总余额的 69.17%；股票融资规模也取得一定增长，2023 年全年非金融企业境内股票融资增长至 7931 亿元，但占同期社会融资规模的比重有所下降，仅为 2.2%。

在上市公司内部结构上，山东省上市公司所属行业长期以来以制造业为主，2010 年制造业上市公司数量占比高达 71%，高于全国 60% 的平均水平，内部以机械、设备、仪表制造业，石油、化学、橡胶、塑料制造业及金属、非金属制品业等装备制造和资源加工行业为主，2023 年制造业上市公司比重增长至 76%，仍以汽车、设备制造、电气机械等装备制造和化工、橡胶等资源加工工业为主，但多元化趋势不断凸显，生物医药、电子信息、农副食品加工等领域的上市企业也不断增多。服务业上市公司数量也有显著增长，尤其是信息技术服务、金融和交通行业上市公司数量增速较快，导致服务业上市公司数量占比略有增长，从 2010 年的 15% 增加至 2022 年的 17%，其中信息技术服务、金融和科学技术研究服务业等现代生产性服务业占比从 2010 年的 5% 增加至 2022 年的 8%，但和其他省（区、市）相比占比仍偏低（见图 3－17），和北京、上海等存在显著差距。

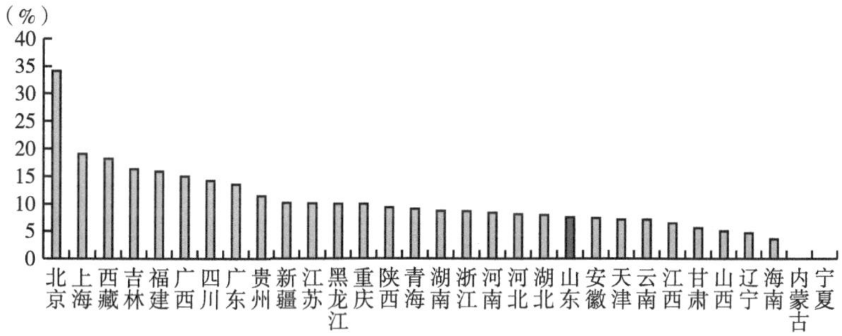

图 3－17　2022 年各省（区、市）现代生产性服务业上市公司数量占比

另外，在市值规模构成上，2023 年山东省仅万华化学、海尔智家、兖矿能源、潍柴动力、青岛啤酒等 7 家上市公司市值破千亿元，21 家上市公司市值破 300 亿元，而有 235 家上市公司市值不足 100 亿元，占全部上市公司数量的 3/4，滨州、泰安、临沂和日照 4 市甚至全部上市企业市值规模均未破百亿元。从 2023 年中国内地市值 500 强企业注册地分布地看，山东省居第 6 位，但和第 5 位的江苏差距较大。

4. 金融业总资产结构

以银行存贷款余额、保费收入和股票市值分别表征银行业、保险业和证券业资产，对山东省金融资产结构进行测度。银行业资产始终占据山东省金融资产主导地位，2022 年占全部资产比重高达 87%，且相较 2010 年有所上升，在各省（区、市）中处于中等水平，高于北京、上海、广东、福建、浙江、江苏等省（市）；证券资产占比次之，但略有下降，2022 年不足 12%，在各省（区、市）也处于中等水平，和北京、上海、福建、广东和浙江等省（市）有一定差距；保险资产占比较小，始终保持 1% 左右，金融资产结构相对单一。

三、金融功能发展演进

（一）银行业

2010 年以来，山东省贷存比起伏波动大，总体呈上升趋势，尤其是 2016 年以后增长趋势较为显著，2022 年达到 0.85，高于全国平均水平，在各省（区、市）中相对较低（见图 3－18），未来在保障金融安全的同时，可以出台银行业在贷款投放方面的积极政策，继续提高银行业对实体经济发展的支持作用。

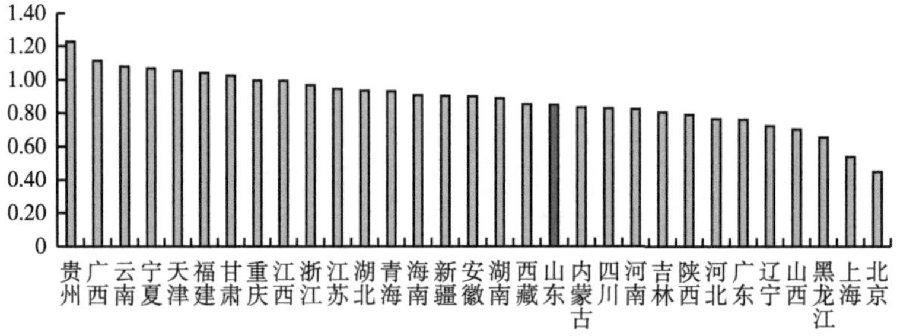

图 3－18　2022 年各省（区、市）贷存比

另外，2010 年以来，银行业资产与 GDP 的比值呈增长趋势，2022 年增长至 3.09，但在各省（区、市）中排名仍较为靠后，居第 25 位，落后于银行业资产绝对规模排名。

（二）保险业

2010 年以来，山东省保险赔付比率在波动中上升，2022 年增加至 34%，居各省（区、市）中等水平，但相对于东部各省，山东省赔付比率较高，仅略低于浙江，显著高于北京、江苏、广东等省（市）。

另外，2010 年以来，山东省保险深度总体呈增长趋势（见图 3－19），但 2021 年后有小幅回落，2022 年为 3.9%，在各省（区、市）中处于中等水平，保险业对国民经济相关领域的覆盖程度仍待提高。

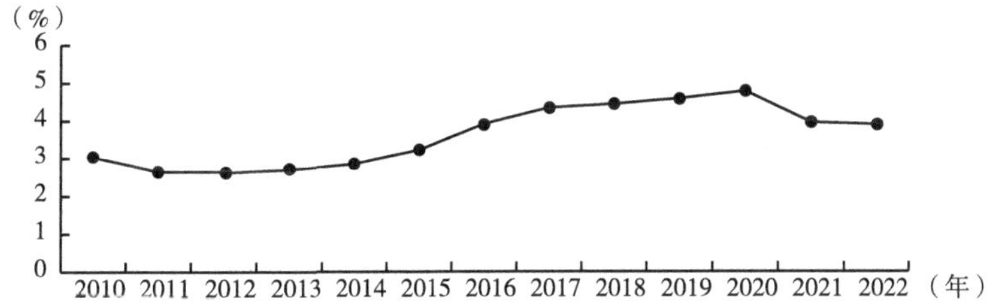

图 3－19　2010—2022 年山东省保险深度

（三）证券业

2010 年以来，山东省证券化率波动起伏大，2022 年为 41%，在各省（区、市）中居第 15 位（见图 3－20），处于中游水平，显著低于全国 70% 的平均水平，表明山东省资本市场的发展滞后于其经济发展水平，未来在资本市场相继推出科创板、新三板精选层、创业板注册制等一系列改革的背景下，应坚持把资本市场作为全省新旧动能转换和经济结构优化升级的“牛鼻子”工程，进一步提高资本市场在其经济发展过程中的地位，切实用足用好资本市场平台，提升上市公司质量。

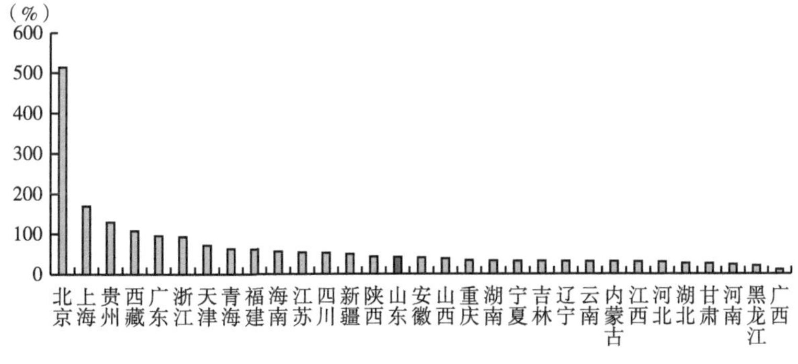

图 3－20　2022 年各省（区、市）证券化率

（四）金融业

2010 年以来，山东省金融业增加值始终呈增长趋势，2022 年达到 5203 亿元，年均增速 11.82%，高于 GDP 年均增速，但在各省（区、市）仍居第 6 位，与其 GDP 全国第 3 位的经济大省地位并不匹配。金融业占地区生产总值的比重总体呈增长趋势，但2021年以来有所回落，2022年为6%，低于全国平均水平，在各省（区、市）处于下游水平（见图3-21），且相较于2010年排名有所下降。未来山东金融强省建设，在稳步提高金融对经济增长贡献率的同时，要加强金融要素保障和优质金融供给，提升金融服务效率。

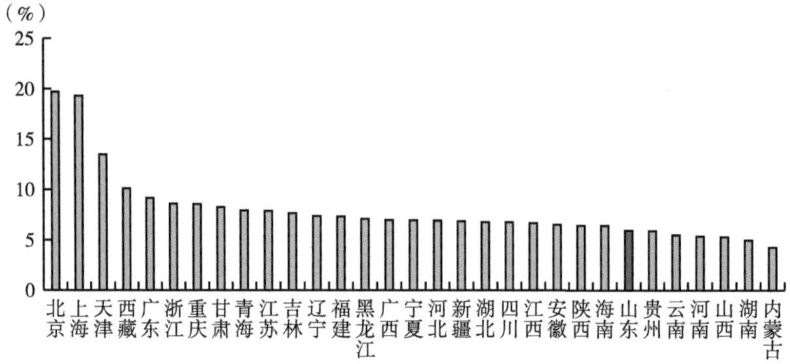

图3-21　2022年各省（区、市）金融业增加值占GDP比重

另外，采用金融总资产与GDP的比值表征金融相关比率，2022年山东省金融相关比率为4，在各省（区、市）中居第17位，处于中下游水平，表明山东省金融深化程度不高，金融市场效率和竞争力仍待提高。

四、金融保障发展演进

（一）金融基础设施体系建设

在交易市场建设上，山东省首创“白名单+业务许可证”管理机制，定期对通过检查验收的权益类交易和介于现货与期货之间的大宗商品交易的交易场所白名单进行公示，并按照清理整顿各类交易场所部际联席会议有关要求，定期通报涉嫌违规交易场所的“黑名单”。根据山东省地方金融监督管理局的最新公布信息，截至2023年3月底，山东省获得交易业务许可证的交易场所共11家，其中7家为大宗商品交易场所，聚焦山东优势产业，涵盖农产品、石化产品、煤炭、钢材、橡胶等大类品种，初步实现了大宗商品交易品种的合理布局；4家为权益类交易场所，且包含齐鲁股权交易中心和青岛蓝海股权交易中心2家区域性股权市场。2家区域性股权市场立足服务于本省中小微企业私募股权市场发展的定位，有效发挥多层次资本市场“塔基”作用，聚焦“专精特新”重点领域，针对不同层级企业的差异化需求，匹配普惠、精准、专享服务。截至2022年，齐鲁股权交易中心和青岛蓝海股权交易中心挂牌企业数分别为5204家和2133家，在全国35家区域性股权交易中心分别排名第4位和第7位，但投资者账户数量较少，在全国35家区域性股权交易中心分别排名第13位和第19位。

在支付系统建设上，山东省坚守支付清算系统业务连续性管理红线，规范各类支付、清算机构有序发展。截至2023年底，山东共拥有11张支付牌照，在各省（区、市）居第5位，未来应加强对现有支付机构的规范指导和风险化解；专业清算机构也在有序发展，2016年经山东省地方金融监督管理局批准成立山东交易市场清算所有限公司，具备统一开户、全面登记、集中清算、资金监管、统计监测五大基础功能。同时，针对不同人群的差异化需求，不断优化支付环境，全面提高支付结算服务水平。例如，针对数字经济时代群众对支付便利性的更高要求，优化移动支付流程，深化济南、青岛数字人民币试点，丰富支付服务供给；针对外籍来鲁人员支付服务需求，省内重点机场、港口等境外抵鲁“第一站”建设综合支付示范服务区；针对不断增多的老年人群体的支付需求，拓展“移动支付＋适老化”场景建设；面向乡村振兴金融需求，不断探索“手机号码支付”与农村支付推广工作有机融合，建设乡村振兴支付“生态圈”。2022年，全省支付系统处理支付业务11.1亿笔，为1.1万家银行网点提供跨行清算服务，支付清算系统覆盖率达83.6%。

伴随着金融业信用信息系统的互联互通和信用信息资源整合，山东省金融业统一征信体系建设也取得快速发展。在金融信用信息基础数据库建设上，已收录全省自然人7000余万人，企业和其他组织400余万户，已基本涵盖全省有经济活动能力的企业和个人；在征信查询服务体系建设上，逐渐升级为“柜台＋自助＋互联网＋手机银行”多元化服务模式，2022年上线“齐鲁征信通”微信小程序，企业征信自助查询设备已实现地级市全覆盖；在地方征信平台建设上，2021年山东省征信有限公司作为省级地方征信平台运营机构注册成立，运用“大数据＋征信”手段，对政务数据、市场数据、产业数据等多维数据进行整合、分析和应用，为企业、金融机构和政府机构提供征信服务、风控模型输出、风险监测预警等服务；在跨境征信服务体系建设上，打造中国与上海合作组织（以下简称“上合组织”）国家间首个跨境征信服务平台“信用上合”，致力于打造上合组织国家间跨境征信数据的互联、互通、信用标准互认，构建上合组织国家区域一体化商业征信体系。伴随着基础征信系统的建设，山东省金融信用环境不断优化。

（二）金融政策支撑体系建设

山东省金融高质量发展的政策支持体系不断完备。2014 年出台《关于加快全省金融改革发展的若干意见》，明确未来 5 年时间，初步建成与山东省实体经济和企业创新相适应、市场化水平较高的现代金融体系；2016 年，全国首部涉及地方金融监管的省级地方金融法规《山东省地方金融条例》正式施行；2018 年出台《山东省现代金融产业发展规划（2018—2022 年）》，加大金融发展的财税支持力度，同年，在全面展开新旧动能转换之际，金融业被列为重点培育发展的“十强产业”之一；2023 年发布《关于加快服务业高质量发展的意见》，明确现代金融业是山东省六大生产性服务业的重要一环，对全省现代金融业工作重点作出统筹部署，同年出台《山东省碳金融发展三年行动方案（2023—2025 年）》《山东省数字金融惠企行动方案》，推动普惠金融、绿色金融提速发展。这些文件的出台，为推进全省金融高质量发展指明了工作方向，也有效提升金融服务实体经济质效。

山东省高度重视金融人才队伍建设，2016 年出台《关于加强全省金融人才队伍建设的实施意见》，明确全省金融人才队伍建设的目标任务和政策措施，为现代金融人才高地建设引领方向。加大人才引进支持力度，以金融应用理论研究人才、金融高级经营管理人才、金融专业技术人才和金融骨干技能人才为重点，拓宽人才引进渠道；注重金融人才选拔管理，在 2017 年出台的《山东省金融高端人才奖励办法》《齐鲁金融之星选拔管理办法》的基础上，2021 年更新出台《齐鲁金融人才工程选拔管理办法》，鼓励人才引进的同时调动本地广大金融从业者的积极性和创造性；创新金融人才培养方式，搭建多层次、全方位的金融人才培训提升平台，山东省金融人才培养产教合作联盟、山东省现代金融产业链人才联盟、山东省现代金融产教融合共同体等先后于 2018 年、2022 年和 2023 年成立，校企联动、政企联动培育金融领域创新型、应用型、技术型人才。

山东省积极主动争取金融改革的“试点权”“先行权”，以先行先试为抓手优化政策和制度设计，不断激发金融发展活力。推进济南科创金融改革试验区、临沂普惠金融服务乡村振兴改革试验区和青岛财富管理金融综合改革试验区 3 个国家级金融改革试验区围绕科创金融、数字金融、普惠金融、绿色金融、养老金融等领域先行先试，数字人民币、本外币合一银行结算账户体系、养老理财产品、特定养老储蓄和全国气候投融资等试点成功落地。积极支持威海申建绿色金融改革创新试验区，按照“边申报创建、边改革创新”的工作思路，大力发展绿色金融，推动“蓝绿”深度融合，全国首个基于清算平台（中国银联）的个人碳账户、首个蓝色产业可持续投融资支持目录及全省首笔碳普惠海洋碳汇交易等一批先行先试创新成果相继落地。

（三）金融对外开放环境建设

在跨境投融资发展上，一方面，山东省不断优化外商投资环境，持续强化政策支持力度，发挥资本市场枢纽作用拓展外资吸引渠道，加快合格境外有限合伙人（QFLP）试点，以更大力度吸引和利用外资，2022 年实际利用外商直接投资达 229 亿美元，较 2010 年增长 2.5 倍，主要来自中国香港、韩国、日本和新加坡，主要投向制造业、房地产业和批发零售业等产业领域；累计境外上市企业超 120 家，境外融资规模取得显著增长。另一方面，积极扩大对外直接投资，以钢铁、建材、电力、化工、轻纺、通信、工程机械等行业为重点，深化与“一带一路”沿线国家等国家和地区的产能和装备制造合作，创新“跨境快贷”“鲁贸贷”“关税保”等跨境金融产品，为企业“走出去”提供有力金融支持，2022 年境外实际投资 81 亿美元。

在金融开放平台载体建设上，山东省充分发挥自贸试验区、中国—上海合作组织地方经贸合作示范区（以下简称“上合示范区”）等引领带动作用，聚力搭建高能级金融服务对外开放平台，跨境金融区块链服务平台试点、中欧班列（齐鲁号）数字化综合服务平台融资模块、上合 · 易融链平台、跨境金融服务平台“港云仓”仓单融资应用场景等先后落地山东；积极推动跨境人民币结算、离岸金融、跨境信用合作、跨境基金、国际保单等金融开放领域的制度创新，积极对接国际高标准经贸规则，对全省金融高水平对外开放发挥示范引领作用。2022 年，山东省人民币跨境资金收支 7629 亿元，为 2010 年业务开展以来新高；跨境人民币收支占本外币收支金额的 21.5%，为 2016 年以来最高。

在外资金融机构发展上，山东省积极强化与国际重要金融机构的联系对接，积极吸引外资金融机构来鲁展业兴业，且除“招大引强”外，注重引进专业化、有科技特色的外资金融机构；同时深化本地金融机构与外资金融机构合作，借鉴吸收先进的管理理念、成熟的管理技术和产品，促使金融机构改善管理、提高服务质量和效率。截至 2023 年底，山东省共吸引东亚、汇丰、渣打、恒生、富邦华一、星展银行共 20 家外资银行入驻，设立 25 家分行和 12 家支行，共 37 个营业网点，且近 3/4 集中在青岛，在各省（区、市）居第 5 位（见图 3－22），和广东、上海、北京和江苏等有一定差距，且外资银行在华总部也集中在这 4 个省（市）。

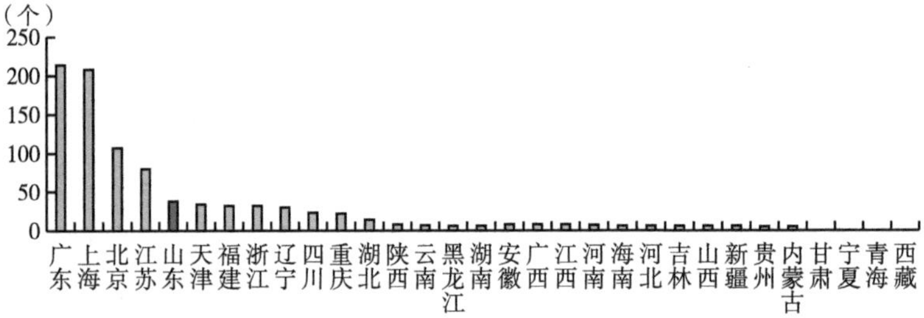

图 3－22　2023 年各省（区、市）外资银行营业网点数量

第二节　山东省金融支持经济高质量发展能力演进

一、绿色金融发展演进

（一）绿色金融政策体系

顶层设计与地方实践相结合，山东绿色金融政策体系不断完善。2021

年，山东省印发《关于支持开展碳排放权抵质押贷款的意见》，鼓励银行业金融机构结合碳排放权权能属性，合理确定碳排放权价值测算方法和抵质押率参考范围，同年出台全国首个专门针对生态环保领域的省级金融支持政策《关于金融支持生态环境保护和生态环保产业发展的若干措施》，引导和激励更多金融资源支持生态环保产业发展；2022 年 8 月，国务院印发《关于支持山东深化新旧动能转换推动绿色低碳高质量发展的意见》，赋予山东建设绿色低碳高质量发展先行区重大使命；为推进政策落地和制度创新，2023 年山东省发布《山东省建设绿色低碳高质量发展先行区三年行动计划（2023—2025 年）》《山东省碳金融发展三年行动方案（2023—2025 年）》等政策文件，明确多项重点任务，着力推动经济社会绿色低碳转型。

在绿色金融标准体系建设上，一方面，山东省结合地方发展实际统筹做好与国家层面转型金融标准的衔接，在建立金融标准体系方面先行先试；另一方面，推动绿色金融标准与国际标准接轨，深化国际合作，积极参与国际绿色金融标准的对接和认证工作。例如，2020 年青岛成功发行全球首单非金融企业蓝色债券、全国首单蓝色债，2021 年成功创建全球首个蓝色资产分类标准，为全球非金融企业蓝色债券创设标杆，为蓝色信贷、蓝色债券和蓝色投资等蓝色金融业务提供有益参考，为解决沿海地区淡水危机、促进海洋资源可持续利用提供金融支持；2022 年山东省发布《二氧化碳驱油封存项目碳减排量核算技术规范》《石油库碳排放核算和碳中和核定技术规范》两项重点省级地方标准，有效填补国内石油库碳核算方法标准的空白；在碳排放核算上，2023 年山东省住建厅编制《建筑碳排放计算导则（试行）》，青岛市开发“碳惠保—奶牛”担保产品，制定发布实施了全国首个绿色金融和担保行业团体标准，对农业碳排放核算方法进行创新。

（二）绿色金融产品创新

山东省各金融机构针对实体经济的绿色转型需求，加快绿色金融产品的研发设计，不断完善绿色金融产品谱系。例如，在绿色信贷发展上，山东省农信社将绿色贷款增长纳入全省农商银行经营管理考评和派出机构重点工作清单，创新推出“碳排放权质押贷”“绿色产业贷”“海洋碳汇贷”等绿色产品；建设银行山东省分行业内率先成立双碳和绿色金融工作领导小组，率先成功研发自动化 ESG 评级工具，推出“碳金融”“技术改造贷款”“废旧资源利用贷”“危废贷”“高标准农田贷”等绿色贷款产品；农业银行山东省分行结合山东省特色优势产业和转型发展实际需要，创新推出“生态保护贷”“黄河系列贷”等专项产品，落地多笔全国和系统内首单绿色产品和服务。截至 2023 年底，工商银行山东省分行、农业银行山东省分行、建设银行山东省分行等金融机构绿色信贷余额已突破千亿元，全省绿色贷款余额 17048 亿元，同比增长 45.7%。

山东省绿色债券发行规模也不断扩大，碳中和债、转型债、可持续挂钩债等创新型债券纷纷落地。2021 年山东核电有限公司发行 6 亿元碳中和债/专项乡村振兴绿色超短期融资券，为国内首笔碳中和债和专项乡村振兴双标融资券，同年，临沂投资发展集团有限公司发行全省首单“绿色 + 革命老区”双标识中期票据，水发集团发行山东省首单国有企业境外绿色债券，主要用于生物质发电、水力发电等绿色能源项目；2022 年，山东高速集团成功发行 10 亿元碳中和债券，募集资金专项用于高速公路沿线光伏发电项目建设，碳减排环境效益显著。截至 2023 年底，山东省企业存续各类绿色债券超 150 亿元。

绿色保险、绿色供应链金融、绿色资产证券化等新型绿色金融产品也不断丰富。例如，属地保险公司泰山财险围绕促进环境污染防治、保护绿色资源和生态环境、保障绿色产业发展开发 10 余款绿色保险产品，积极承保林业碳汇价值保险、环境污染责任险等绿色农业环保项目；2023 年，微众银行充分发挥数字金融优势，基于企业电费缴纳场景，为国网山东电力下游链属用电企业提供更加灵活高效的微业贷数字供应链金融服务，精准助力小微企业可持续发展，同年，国泰租赁成功发行省内融资租赁行业首单绿色资产证券化产品，也是山东省首单绿色低碳转型挂钩的资产证券化产品，为其他企业发行绿色和低碳类债券及资产证券化产品起到良好示范作用。

另外，各类金融机构响应国家鼓励金融机构设立绿色金融特色分支机构的要求，通过组建绿色金融专业部门、建设特色分支机构、设置专岗专职等方式，提升绿色金融服务质效和风险管理水平。属地银行恒丰银行坚持将绿色金融作为长期发展战略，2021 年总行设立绿色金融中心，形成从总行贯穿至一线的绿色金融组织体系；2023 年，青岛银行、淄博银行等银行机构设立绿色金融领导小组，同年，威海市商业银行在环翠支行挂牌设立全行首家绿色支行，在信贷资源、审批通道、资金定价、绩效考核、人员配置、专业培训等方面给予差异化保障支持。但在绿色金融特色分支机构建设上，山东省仍处于起步阶段，与浙江、广东等省份仍存在一定差距。

（三）绿色产业金融支持

一方面，加强对钢铁、石化、煤炭等传统行业低碳转型的金融支持。转型债券、低碳转型挂钩债券等转型金融产品不断丰富，例如，2022 年由中国银行间交易商协会推出的首批转型债券发行，主要面向电力、建材、钢铁、有色、石化、化工、造纸、民航 8 个行业，首批 5 家试点企业中，2 家是山东企业；“两高”企业分级分类工作加速发展，山东省从行业能效水平、经济效益两个维度，将全省重点高耗能高排放企业标识为“绿、浅绿、黄”三色，为金融机构和相关监管机构识别转型主体，制定差异化金融、产业政策及防范金融风险提供支撑；积极搭建政银企服合作平台，2022 年，山东省地方金融监督管理局配合省发展改革委建立山东省碳金融重点项目库，共涵盖 420 个项目，总投资超 2500 亿元，主要涉及碳减排项目和煤炭清洁高效项目，建立项目库融资绿色审批通道和融资对接问题分析反馈机制。

另一方面，加大节能环保、新能源等绿色产业发展的金融支持。积极发挥财政资金引导作用，山东省陆续出台多条财政政策措施支持绿色产业发展，历年节能环保财政支出总体也呈上升趋势，2022 年节能环保支出 21.81 亿元，占全部财政支出的 1.8%，支出规模在各省（区、市）居第 10 位，但支出占比处于下游水平（见图 3 -23）。积极发挥政府投资引导基金杠杆撬动作用，2018 年 1 月，山东省、各地市政府共同出资 400 亿元设立山东省新旧动能转换引导基金，截至 2023 年底，该基金累计投资项目 1527 个，基金实现投资 1955 亿元，有效吸引社会资本投向新材料、新能源等重点领域，同年山东发展投资控股集团等机构发起设立山东省绿色发展基金，综合运用亚洲开发银行、绿色气候基金等国家主权贷款资金，吸引社会资本共同参与，主要投资清洁能源、绿色交通、绿色建筑和新技术、新材料。鼓励政府性融资担保机构、银行机构等金融机构为节能环保、清洁生产、清洁能源、生态环境、基础设施绿色升级、绿色服务等绿色产业提供融资便利，完善对金融机构的绿色金融发展评价激励机制。

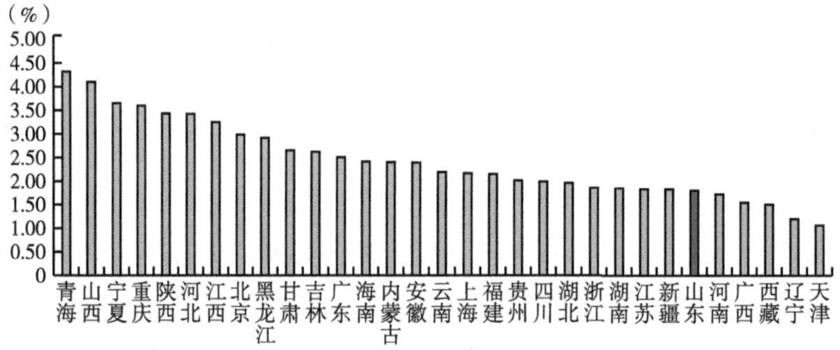

图 3－23　2022 年各省（区、市）节能环保支出占一般公共预算支出比重

二、普惠金融发展演进

（一）普惠金融政策支撑

普惠金融政策体系不断优化。强化货币政策引领，完善再贷款、再贴现政策管理，引导扩大普惠金融业务覆盖面，2022 年末，山东省支农支小再贷款和再贴现余额 2079 亿元；充分运用普惠小微贷款支持工具，为地方法人金融机构普惠小微贷款余额增量的 2% 提供奖励资金，鼓励金融机构扩大普惠小微企业贷款投放，2022 年末，符合条件的金融机构通过普惠小微贷款支持工具获得激励资金 19.7 亿元。在财税政策上，建立符合小微企业贷款利息收入免征增值税机构名单，实行税收优惠，有效降低小微企业和个体工商户融资成本；积极支持中小企业拓宽融资渠道，对挂牌、上市的涉农和中小微企业，按有关规定进行财政奖励；加大支农财政力度，2022 年农林水财政支出 1119 亿元，占总支出的 9.2%，在支出规模上仅次于四川，但在支出比重上处于全国中下游水平（见图 3－24）。

普惠金融发展的工作协调机制不断健全。在融资对接机制上，搭建金融辅导员、金融伙伴等融资对接机制，先后开展“进走访”“百行进万企”“走万企，提信心优服务”“首贷培植”“齐心鲁力，助企惠商”等专项融资对接活动，着力解决中小微企业融资急难愁盼。在普惠金融风险分担补偿机制建设上，2019 年山东省财政出资 10 亿元作为首期注册资本挂牌成立山东省投

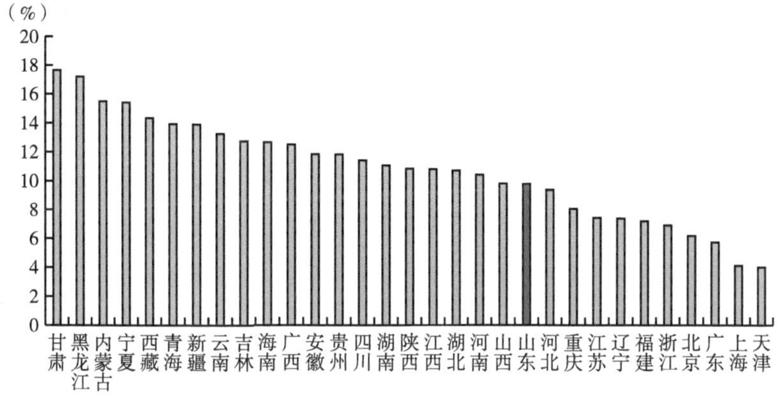

图3-24　2022年各省（区、市）农林水财政支出占总支出比重

融资担保集团，撬动银担互信，以该集团为龙头积极推动建设覆盖全省的政府性融资担保体系，2023年末，全省小微企业、农户及新型农业经营主体融资担保在保余额占直接融资担保余额比重达到89.62%；此外，创新“政银担保企”多方主体合作模式，设立股权质押融资增信基金和应急转贷基金，开展“政银保”贷款保证保险业务，实施中小企业知识产权质押融资风险补偿、农业保险保费补贴等多领域的贴息补偿政策。在金融扶贫工作机制建设上，山东省地方金融监督管理局充分发挥桥梁纽带作用，建立和完善小额扶贫信贷工作机制、银行包干责任制和扶贫监测与通报制度，截至2023年底，脱贫人口小额信贷累计发放25.34亿元，有力支持脱贫和防止返贫监测对象共6万人发展生产。

普惠金融试点示范建设深入推进。2020年9月，全国首个普惠金融服务乡村振兴改革试验区落户临沂，在农村金融组织体系、金融基础设施、金融产品和服务创新、抵押担保体系建设等方面先行先试，截至2023年末，临沂市涉农贷款余额3933.3亿元，新增贷款中涉农贷款占比为62.1%，高于试验区批复前27.5个百分点。另外，自财政部、人民银行、金融监管总局2022年起组织实施中央财政支持普惠金融发展示范区奖补政策以来，日照、德州、新泰、青岛、聊城、滨州等地先后入选示范区，获得普惠金融发展专项资金奖励，积极探索财政支持普惠金融发展的有效模式，树立标杆，打造样板，形成可复制、可推广的经验。

（二）普惠金融服务生态

近年来，山东省持续健全多层次普惠金融组织体系。在普惠金融信贷供给格局构建上，山东省6家国有商业银行、12家全国股份制银行等大中型银行积极落实国家金融监督管理总局工作要求，在一级分行、部分二级分行普遍设立普惠金融事业部、“三农”金融事业部或其他牵头普惠金融业务的专门部门，实行差别化考核评价办法和支持政策；城市商业银行、农村商业银行等城农商行凭借贴近地方、管理灵活的优势，扎实服务实体经济和乡村振兴，以“小微金融”“县域金融”为重点，加快建设面向“三农”、小微企业的专营机构和特色支行。截至2023年底，山东省共组建362家社区支行，在数量上仅次于浙江（见图3－25）；共66家小微支行，在数量上次于浙江、广西和陕西，有效提高了银行小微金融服务的批量化、规模化、标准化水平。村镇银行、农村资金互助社等新型农村金融机构加快发展，在乡镇布设网点、拓展业务，截至2023年底，山东省共有125家村镇银行，营业网点达639家，但每万名农民所拥有的村镇银行网点仅0.18个，与每万人拥有1.53个银行网点相差较大。

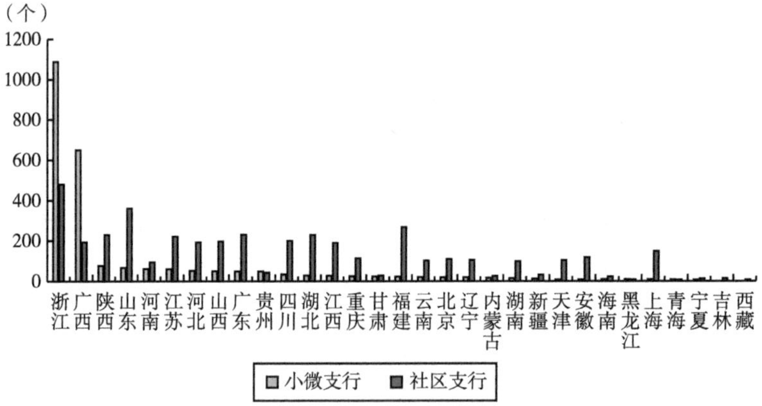

图3－25　2023年各省（区、市）社区支行和小微支行数量

另外，小额贷款公司、融资租赁等金融机构也得到有序发展，起到良好的补充作用。截至2023年底，山东省共有312家小额贷款公司，积极发挥其灵活、便捷、小额、分散的优势，贷款余额低于重庆、广东、江苏和浙江，在各省（区、市）居第5位，其中涉农贷款、小微企业贷款分别占全部贷款的29.70%、65.42%；共有228家融资担保法人机构，不断加强对小微企业和“三农”发展的支持，在保业务余额3641.18亿元，其中涉农、小微融资担保贷款规模不断扩大，相关经营主体获贷可得性不断提高；取得业务许可的民间资本管理公司共有216家，投资余额402.54亿元。

除不断健全多层次、广覆盖、差异化普惠金融组织体系外，普惠金融产品也越发丰富。银行业方面，不同层次银行机构根据小微企业、农民、城镇低收入人群、贫困人群和残疾人、老年人等不同群体融资需求特点，不断优化普惠金融产品和服务模式，例如，山东农商银行系统推出鲁青惠企贷、税e贷、强村贷、农耕贷、乡村好青年贷、首贷通和齐鲁富民贷等普惠信贷产品，助力小微企业发展和乡村振兴；山东省城市商业银行合作联盟有限公司协同省内城商行针对辖内小微企业、个体工商户、农户等主体缺少足额担保物的问题，创新“信用+”、纯信用的普惠信贷业务担保模式。普惠产品的不断丰富也带来涉农贷款、小微企业贷款规模增加，截至2022年底，山东省涉农贷款余额36618.3亿元，同比增长13.2%，普惠小微贷款余额13987亿元，仅低于浙江、广东和江苏，在各省（区、市）居第4位。

多元化普惠保险产品体系也不断完善。其中“三农”保险服务实现扩面、提标、增品，三大主粮作物保险覆盖率已达90%以上，特色优势农产品和畜禽品种等特色农产品险种超90个，创新发展“保险+期货”、目标价格保险体系等保险新模式，保费收入和保险保障水平稳步提高，2022年为1608.1万户（次）农户提供1633.0亿元风险保障，农业保费收入达69.53亿元，较2010年增长2.6倍，保费规模在各省（区、市）居第6位。面向老年人、新市民、低收入人口、残疾人等群体的普惠型人身保险产品也得到快速发展，山东省作为长期护理保险制度、个人养老金制度、商业养老保险发展模式等普惠保险业务的先行试点地区，普惠保险发展环境持续改善，截至2023年底，山东省长期护理保险参保人数4112万人，居全国第1位，大病保险覆盖8555.03万人，赔付金额53.98亿元，居全国第1位。另外，在道路事故、公众安全、环境污染、安全生产等社会风险管理中引入保险机制，支持潍坊、德州等5市试点开展“安责险+安全生产数据化管控”项目，强化事故预防服务，保障各领域从业人员安全和权益。

资本市场普惠金融服务效能也得到一定提升。作为山东省唯一经省政府批准设立的区域性股权市场运营机构，齐鲁股权交易中心先后于2021年和2023年开设“山东乡村振兴板”“专精特新”等专板，其中“专精特新”2023年末累计挂牌企业1030家，为全省优质农业企业、中小企业提供挂牌托管、规范辅导、投融资对接、培育孵化等一系列的资本市场综合服务，并针对中小企业融资特点和实际情况，陆续推出私募股权融资、私募债券融资、股权质押融资以及收益权等产品，联合中泰证券、山东省新动能基金公司共同发起设立“山东省中小企业投融资联盟”，搭建全方位、全生命周期的综合服务平台。除区域性股权市场外，山东省中小企业积极抢滩全国中小企业股份转让系统（俗称“新三板”），截至2023年底，山东省“新三板”挂牌企业396家，为中小微企业跨越式发展提供融资支持。

（三）数字普惠金融发展

金融机构数字化转型加快推进，深化运用互联网、大数据、人工智能、区块链等科技手段推进业务流程智慧化再造，创新数字普惠金融产品和服务。例如，中国工商银行山东省分行依托大数据、物联网、卫星遥感、人工智能等技术搭建“乡村普惠金融服务平台”，并于2020年与山东省农业担保发展集团联合推出全国首例银担合作全线上融资产品“农耕贷”；青岛银行精准分析企业的税务、工商、司法及征信等大数据，于2023年上线“普惠e融”产品；山东担保集团大力推进全省小微金融场景大数据中心建设，用大数据思维打通金融场景和乡村场景，对有融资需求的农户精准识别、自动授信，由“数据跑腿”代替“人工跑路”；山东省农信联社强化科技服务功能，加强科技研发投入和信息系统建设，为全省农商行系统数字化转型提供了高弹性、低成本、人性化的基础设施支撑，助力中小银行数字化转型；山东省保险行业协会组织省内保险公司全面实施农业保险承保电子化工作，实现农业保险承保信息采集、说明义务履行、承保公示、保单签发、保单批改等承保业务全流程电子化。

与数字普惠金融高质量发展相适应的信用信息整合共享稳步推进。2021年底，由山东省地方金融监督管理局牵头，省财政厅、省大数据局、人民银行山东省分行共同指导支持，山东省综合金融服务平台暨省级地方征信平台成功搭建，2023年底实现省内16个市级金融科技平台全部上线并连通，汇聚省级政务部门及公用事业数据，有效提升金融机构与征信平台等的对接使用质效，累计融资服务规模超过 1 万亿元，并在综合金融服务平台涉企数据服务基础上，“爱山东”政务服务平台上线金融专区，陆续推出鲁岗贷、商户便捷贷、轻松 e 贷、招企贷等普惠金融产品，缩短中小微企业及个体工商户资金供需匹配周期。另外，“金融伙伴”系统不断升级，已接通 36 个数源部门、204 类数据资源，对企业信用进行“数字画像”，累计服务中小微企业等市场主体超过 200 万户。

另外，相关监管机构与金融机构充分利用数字技术、区块链等数字化手段，不断加强数字金融监管力度，完善与数字时代新要求相匹配的金融监管体系。中国人民银行山东省分行结合山东省实际，实施以“智慧信贷”为主题的金融科技创新监管工具，及时跟进监测数字金融创新应用风险；山东省地方金融监督管理局实施分类差异化考核，对普惠型小微企业贷款、普惠型涉农贷款进行差异化考核或监测，并于 2023 年开展“智慧监管提升年”活动，加快打造智慧监管系统，加强数字化监管队伍建设；金融机构积极响应银行保险机构制定数据分类分级保护制度的要求，建立数据目录和分类分级规范，如齐鲁银行按照数据对国家安全、公众权益、个人隐私、企业合法权益的影响和重要程度开展数据分类分级，并依托词库建设齐鲁银行智能化数据分类分级平台。

伴随着数字普惠金融的发展，山东省数字普惠金融覆盖广度和深度显著提高。根据北京大学数字金融研究中心发布的 2011—2022 年各省（区、市）数字金融普惠指数，山东省数字普惠金融指数从 2011 年的 38.55 提高至 2022 年的 390.38，覆盖广度指数、使用深度指数和数字化程度指数也取得显著提高，且在各省（区、市）的排名也有一定提升，数字普惠金融指数排名从 2011 年的第 14 位跃升至第 10 位，但和上海、北京、浙江、江苏等省（市）相比仍有一定差距，尤其是数字投资、数字保险等数字金融服务的使用深度差距较大。

三、产业金融发展演进

（一）产融合作生态

在产业发展与资本对接合作上，2020 年山东省上线产业资本投融资云平台，建立基金投资机构资源库和企业项目融资需求库，构建完善的产投对接服务体系，2023 年在该平台基础上打造先进制造业投融资平台，设置优质投融资机构资源库、先进制造业融资项目库、产业资本智慧对接等七个板块，构建信贷服务、基金投资、上市培育三大系统；省、经济圈、地市等不同层级的产融协同对接大会常态化举行，“齐鲁企舞”投融资路演平台、济青双都市圈产业与资本对接路演平台等不同层级路演平台也陆续成立，有效推动资产端和资金端实现精准高效匹配。另外，注重产业政策与金融政策的协调配合，持续优化金融辅导员制度，推动金融机构高管走基层“十百千万”走访活动，加快破除金融资源错配、运行不畅、信息壁垒等影响金融流向实体经济的痛点。

在产业金融组织体系建设上，鼓励有条件的大型企业集团设立财务公司、金融租赁公司、汽车金融公司等非银金融机构，提升资金管理和运用效率，同时推动具备条件的法人金融机构审慎稳妥开展综合经营，截至 2023 年底，山东省共有 18 家财务公司、1 家汽车金融公司、3 家金融租赁公司和 91 家纳入省级监管的融资租赁公司；鼓励大型国企、优质民企、上市公司参与或发起设立各类投资基金，参与股权运作、并购重组、基金投资与培育孵化。例如，2023 年山东能源集团、富海集团与淄博市及淄川区、张店区政府投资平台合作，共同设立一只注册规模 100 亿元的新材料股权投资基金，烟台生物医药链主体企业与烟台市及相关区县政府投资平台，共同组建 100 亿元的生物医药母基金。

另外，山东省积极争取产业金融领域的国家政策支持，充分利用国家产融结合试点城市这一政策平台，争取产业金融领域的试点示范。山东省内潍坊、德州、济南、烟台、青岛等市先后入选试点城市，获得工业和信息化部、财政部、中国人民银行等相关部门的深入指导和政策支持，创新产融结合发展新模式和新途径，营造产融良性互动、互利共赢的经济生态环境。

（二）供应链金融

供应链金融发展的政策框架不断完善。2021 年，山东省出台全国首个专门促进供应链金融发展的系统性财政金融政策《关于强化财政金融政策融合促进供应链金融发展的通知》，明确实施供应链核心企业“白名单”制度，优化奖励机制，同年发布《关于推动供应链金融创新规范发展的实施意见》。除上述专项政策外，在山东省“十四五”规划、现代流通业、制造业等多个相关政策中，都重点提到了供应链金融的保障和支持。

在政策支持下，银行等金融机构供应链金融服务不断提升。例如，青岛银行于 2021 年搭建数字供应链金融服务平台，推出“一带一路欧亚班列”和“青银 E 链”等线上供应链产品，2022 年落地全国首笔电子保理业务，截至 2023 年底，供应链金融上下游客群突破 5000 户；日照银行于 2021 年上线“黄海之链”供应链金融服务平台，丰富完善供应链金融产品体系，截至 2023 年底，平台覆盖港口、钢铁、农业、能化、汽车、医药、建筑等十余个行业，累计投放供应链融资突破 1000 亿元；保险、融资担保等其他金融机构也不断完善供应链金融综合服务，如山东融担投资管理公司与泰山保险联合开发“鲁担—众担供票通”产品，并于 2023 年于潍坊落地首笔“供应链票据 + 担保 + 保险”业务。

龙头企业、“链主”企业等核心企业尤其是省属国企也依托强大的产业背景、业务场景和资金协同能力，拓展供应链金融业务。一方面，设立商业保理、小额贷款公司或供应链管理等类型的子公司，开展供应链金融业务。其中商业保理基于真实交易形成的应收账款开展融资服务，在供应链金融中占据重要地位，截至 2023 年底，全省共有商业保理公司超 300 家，其中 58 家纳入省级监管，资产总额为 320.44 亿元，应收保理融资款 280.15 亿元。另一方面，搭建供应链金融服务平台。例如，山东高速集团打造的“速链云”“高速 e 融”，山东能源集团打造的“山东融信通”等一站式供应链服务平台，依托物联网、区块链、人工智能和大数据等技术，对供应链上下游企业提供集支付结算、融资服务、账款管理于一体的综合服务。

四、科技金融发展演进

（一）科技金融体系建设

科技金融组织体系不断健全。一方面，加强科技金融机构建设，支持银行保险等金融机构申设发展各类科创金融专营（特色）机构，青岛银行、齐鲁银行、中国农业银行济南分行、中国人保财险济南市分公司等机构已在山东省内开设科技支行或科技金融事业部，并率先探索制定科技金融机构建设指引和评价标准。另一方面，不断完善多层次资本市场体系，自2018年始，上海证券交易所、深圳证券交易所、北京证券交易所和全国股转系统陆续在青岛、济南等地建立资本市场服务基地，并不断完善与齐鲁股权交易中心及青岛蓝海股权交易中心2家区域性股权市场的衔接机制，助力区域性股权交易中心挂牌企业、托管企业及展示企业在沪深北交易所上市；同时注重培育创投市场，培育招引各类创投机构，截至2023年底在中国证券投资基金业协会登记的存续私募基金管理人768家。

聚焦科技型企业全生命周期融资需求，科技金融产品体系不断丰富。科创信贷产品不断优化和创新，加强差异化、场景化、智能化产品供给。例如，建设银行山东省分行构建科创企业“技术流”专属评价体系和科创人才“能力流”综合评价体系，并依托评价体系创新推出信用类、专利类、债投类、共担类、人才类五大类科创贷款产品体系；恒丰银行推出“科技成果转化贷”“科创贷”“春笋贷”和“创业担保贷”等产品，为科创小微企业、高端专家人才、创业大学生等不同群体提供定制化金融服务方案。截至2023年底，全省科创企业贷款余额10153.3亿元，其中“专精特新”中小企业贷款余额3273.4亿元。科技担保服务和保险服务体系不断完善，构建“鲁科担”科技担保体系，为科技型企业提供担保、增信等多种形式的担保服务，开展创业保险和高层次人才保险试点，创设“鲁科保”科技保险品牌。

科技型企业直接融资渠道不断畅通。支持科技型企业在多层次资本市场上市或挂牌，截至2023年底，山东省科创板上市公司21家，集中在济南与青岛，数量上低于江苏、广东、上海、北京、浙江和安徽，居各省（区、市）第7位（见图3－26）；全省创业板上市公司66家，数量上低于江苏、广东、上海、北京、浙江和安徽，居各省（区、市）第6位。不断完善科创企业债权融资体系，科创票据、科技创新公司债券、双创专项债券等科创债券品种不断涌现，2023年，推动省内科技型企业发行56只科创票据、科技创新公司债券597.8亿元。积极探索知识产权证券化，2022年全省首单知识产权证券化产品落地烟台，为盘活知识产权资产、化解中小企业融资难问题提供了新方案。加快发展科创股权投资，举行创投基金齐鲁行、“科创齐鲁·创投未来”等活动，推动科技、产业、金融充分融通对接，引导创投机构投资本地科技创新企业。

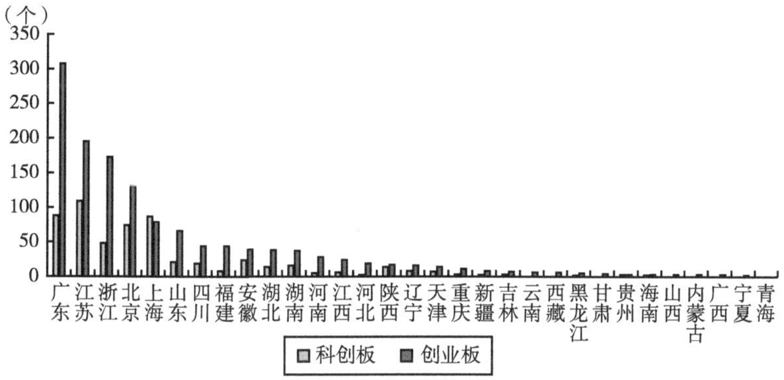

图 3-26　2023 年各省（区、市）科创板和创业板上市公司数量

（二）科技金融环境优化

持续完善政策体系，优化科技金融政策环境。2023 年山东省发布《金融支持山东省科技型企业融资专项行动实施方案》《关于加强科技财政金融协同服务企业创新发展的若干措施》等政策文件，构建全方位的科技金融政策体系。风险补偿机制不断健全，明确科技成果转化贷款风险补偿及贴息管理办法，其中省级风险补偿标准一般为备案贷款不良本金的 35%，市级补偿比例不低于省级，贴息标准为企业实际支付贷款利息的 40%，且最高不超过 50 万元；明确省级科技担保保费补贴及风险补偿、省级科技保险保费补贴等实施细则。资本市场激励机制不断完善，对符合条件首次公开发行股票的科技型企业给予最高不超过 200 万元的一次性补助，明确创业投资机构新创立、新迁入与投早投小的激励政策。山东省科技计划形成和支持机制不断优化，推行市场化的科技项目遴选，开展“拨投结合”“先投后股”等支持模式，构建“政银担投”多元支持机制。

科技金融试点示范建设深入推进，营造科技金融创新环境。2021 年 11 月，济南市获批建设全国首个科创金融改革试验区，不断建立健全工作机制，完善配套政策措施，在健全专营机构体系、打造科创专属产品、探索科创金融统计框架、构建科创企业信用支持体系等方面积极落实改革任务。截至2023年底，累计发放“科创贷”97.9亿元，办理“科创贴”83.17亿元。除金融改革试验区建设外，山东省还积极推进科创金融领域改革，例如，积极探索科技股权投资改革试点，2023年在科技资金股权投资计划基础上，进一步深化省级科技股权投资项目改革，探索“投贷保联动”支持模式；同时，积极选树省内科创金融发展示范载体，如2023年试行创业投资示范载体培育认定，并于同年认定20家省级创投示范载体，包含创业投资集聚区、创业投资综合服务基地、创业投资领军企业和创业投资优秀团队各5家。

山东省科技企业融资和信用环境不断优化。搭建山东省科技成果转化服务平台、山东省科技创新服务平台等公共服务平台，成立山东省创新创业共同体联盟金融科技创新基地、山东省长三角投融资联盟科创基地等基地，促进科技企业、金融机构间的信息沟通与交流。打造山东省特色科技金融路演品牌，2023年始，常态化开展“鲁科融”科技金融项目路演、“山东好成果，科技新动能”重大科技成果路演，推动科技资源与金融资源高效、高频对接。探索“金融辅导员+科技辅导员”服务模式，为科创企业提供多元化、全要素辅导与管家服务。打造科技企业信用赋能服务平台，2023年正式上线山东省科融信综合服务平台，为企业提供科技增信评级服务，助力企业“无担保、无抵押”融资。

| 第四章 |

山东省金融高质量发展测度

第一节　山东省金融自身发展能力测度

一、金融规模

在金融规模测度得分上，山东省一直位居前列（见图4－1），但与北京、上海、广东、江苏、浙江等金融资源集聚区仍有一定差距。其中，和北京、上海2市的差距趋于缩小，和广东、江苏、浙江的差距却呈扩大趋势，这主要是由于山东省金融资产尤其是证券业资产增速相对较慢。

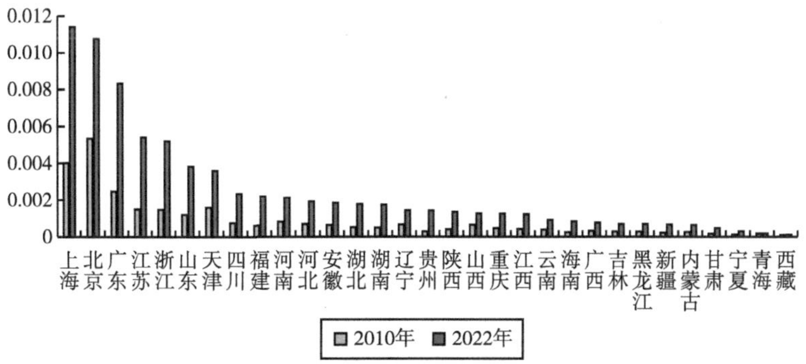

图4－1　2010年、2022年各省（区、市）金融资源规模测度得分

相较于东部沿海各省（市），山东省金融资源规模优势不甚突出，位居中游水平，但相较于黄河流域各省（区），山东省金融资源规模首位优势突出，首位比从1.48增高至1.81。

在各分项指标上，山东省凭借城、农商行的发展，在金融机构法人机构数量上增速较快，逐渐跃居至第4位，但机构类型仍不够丰富，证券、信托、消费金融、公募基金管理人等总部金融企业仍较少；金融网点密度增速也较快，虽仍居第7位，但和前6位的差距显著缩小；保险业资产规模有一定规模优势，始终居第3位，但在增速上相对较慢，和广东、江苏的差距有所扩大，相较于浙江的竞争优势有所降低；银行业和证券业资产规模长期居第6位，且增速位居中下游。

二、金融结构

在金融体系的多元化发展上，山东省金融资产结构和组织结构均不断优化，综合测度得分排名从第14位逐渐跃居至第11位，处于各省（区、市）中游水平（见图4-2）。

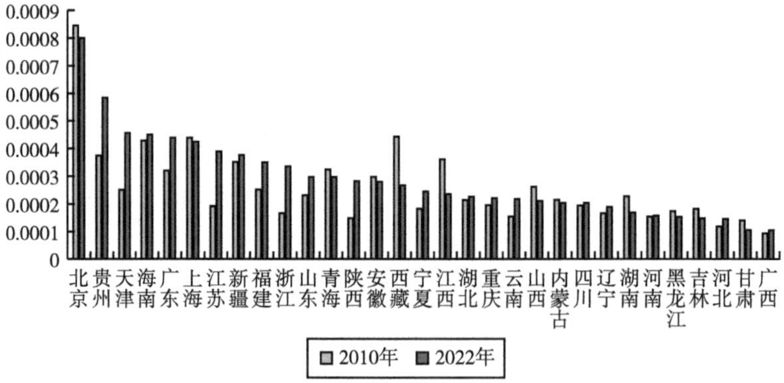

图4-2　2010年、2022年各省（区、市）金融结构测度得分

相较于东部沿海各省（市），初期山东省金融机构和金融资产的多元化水平相较于江苏、浙江、辽宁和河北4省有一定优势，但由于证券业资产增速放缓且低于银行业资产增速，导致金融资产的多元化水平有所降低，金融结构综合得分逐渐低于江苏和浙江，仅高于辽宁和河北；相较于黄河流域各省（区），初期，山西、青海两省凭借大型资源型上市企业，资本市场取得一定发展，且2省金融存贷款规模偏小，导致金融资产多元化水平相较于山东省有一定优势，但由于2省资本市场后续发展乏力，股票市值增速偏低，分别居各省（区、市）倒数第2位和第4位，导致2省金融资产结构的多元化水平优势逐渐降低乃至丧失，山东省则逐渐跃居至首位。

在各分项指标上，山东省金融机构的多元化发展趋势较早凸显，货币金融服务体系中的非银金融机构及保险、资本服务等非货币金融服务机构取得快速发展，一定程度上促进了金融产品和金融资产的多元化；在融资结构上，山东省从资本市场获得的直接融资取得长足发展，企业债券和股票融资等直接融资占比有所提升，排名从第15位跃居至第8位，有效降低企业综合融资成本，但仍以企业债券融资为主，股票融资比例偏低；在资产结构上，银行业资产始终占据主导地位，其比重在波动中呈增长趋势，在各省（区、市）始终位居中游水平，证券业资本规模仍待提高。

三、金融功能

在金融功能上，山东省金融效率和金融深化不断发展，但在各省（区、市）中始终处于中游水平（见图4-3）。

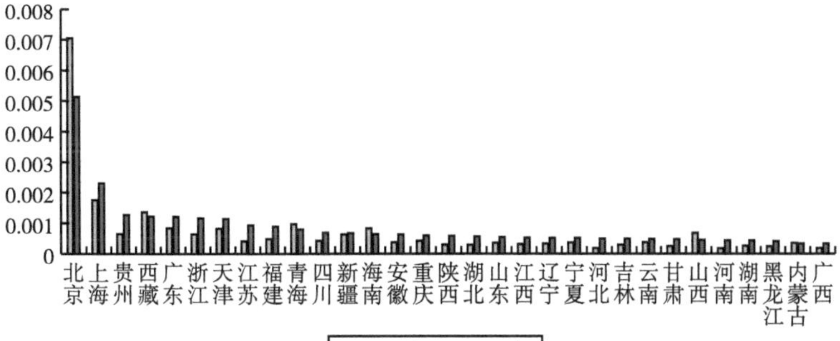

图4-3　2010年、2022年各省（区、市）金融功能测度得分

相较于东部沿海各省（市），山东省金融功能综合得分相对较低，仅高于河北和辽宁；但除江苏、浙江、福建3省外，凭借证券化率和保险深度的相对快速增长，山东省与其他各省（区、市）的差距趋于减小。相较于黄河流域各省（区），初期，青海、山西2省凭借大型资源型上市企业，证券化率较高，且金融业对经济增长的贡献率较高，金融功能综合得分高于山东省，后期2省资本市场发展速度均有所放缓，且山西省金融业增加值增长乏力，对经济增长的拉动作用增长有限，导致山西省金融功能综合得分逐渐低于山东，另外，陕西省凭借资本市场的快速发展和金融劳动生产率的提高，金融功能综合得分逐渐赶超山东。

在各分项指标上，山东省保险深度增长较为显著，在各省（区、市）排名从第21位跃升至第14位，且除黑龙江、吉林、广东、浙江和天津5省（市）外，山东省和其他保险深度较高省份的差距趋于减小；证券化率增速也较高，在各省（区、市）排名从第17位跃升至第15位，但和浙江、贵州、江苏等7省的差距仍呈扩大趋势；金融劳动生产率有一定增长，但增速偏下，主要是缘于2010年以来山东省金融业增加值增速相对较低，居各省（区、市）下游水平，导致金融劳动生产率排名从第11位跌至第23位；山东省金融业增加值占GDP比重有所提升，从2010年的4%增长至2022年的6%，但增幅偏低，在各省（区、市）仅居第25位，导致山东省金融贡献率在各省（区、市）排名始终偏低，且从第19位逐步跌至第25位。

四、金融保障

在金融保障要素建设上，山东省始终位居前列，并逐渐赶超辽宁和天津，从第8位升至第6位（见图4－4）。

相较于东部沿海各省（市），山东省金融保障体系建设长期以来处于中游水平，但凭借金融服务覆盖率、金融人力资本的快速增长，与其他金融保障体系建设较为先进的各省（区、市）的差距大都趋于减小；相较于黄河流域各省（区），山东省金融保障体系建设水平长期以来居于首位，且首位度从3.12提高至4.45，首位优势越发凸显。

在各分项指标上，山东省境外投资规模始终位居前列，2022年仅低于浙江、广东和上海，企业对外投资活跃，跨境金融也加速创新，为企业“走出去”提供跨境结算、融资、风险管理等全方位金融服务；山东省外资金融机

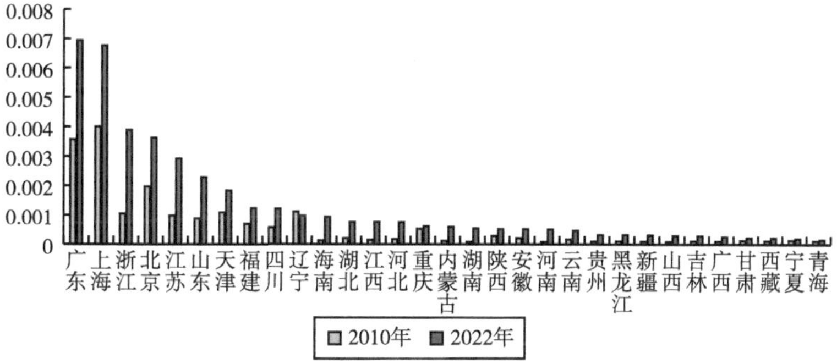

图 4－4　2010 年、2022 年各省（区、市）金融保障测度得分

构数量稳步增加，在各省（区、市）排名从第 8 位跃居至第 5 位，业务范围也不断拓展，有助于促进金融机构类型和产品服务体系的丰富，推动金融机构与金融体系效率的提升；山东省金融企业数量增长显著，各类新型金融机构和小微金融机构不断增多，有效提升了金融服务覆盖广度和金融服务可获得性；山东省金融人力资本规模也取得一定增长，在各省（区、市）排名从第 16 位跃居至第 10 位。

五、金融自身发展能力

从金融自身发展的综合能力看，山东省始终居各省（区、市）第 7 位，具有一定比较优势（见图 4－5）。

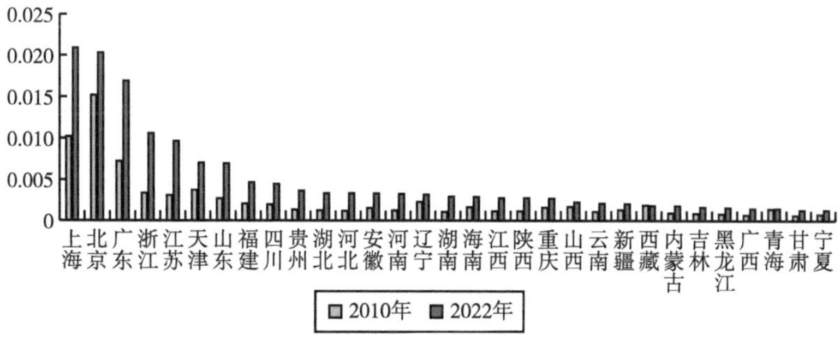

图 4－5　2010 年、2022 年各省（区、市）金融自身发展能力测度得分

相较于东部沿海各省（市），山东省金融自身发展能力长期处于中游水平，但凭借金融规模、金融结构的快速发展，除江苏、浙江外，与其他金融自身发展能力较高的各省（区、市）差距均趋于减小；相较于黄河流域各省（区），山东省金融自身发展能力长期以来居于首位，且首位度从 1.59 增高至 2.17，首位优势越发凸显。

在各细分维度上，山东省在金融规模和金融保障领域始终处于各省（区、市）前列，但在金融结构和金融功能领域位次则较低，尤其是金融功能深化发展上始终处于全国中游水平。

第二节 山东省金融支持经济高质量发展能力测度

一、绿色金融

山东省绿色信贷、绿色债券等绿色金融产品体系不断丰富，绿色发展支持力度不断提升，绿色金融发展水平始终位居各省（区、市）前列（见图 4-6）。

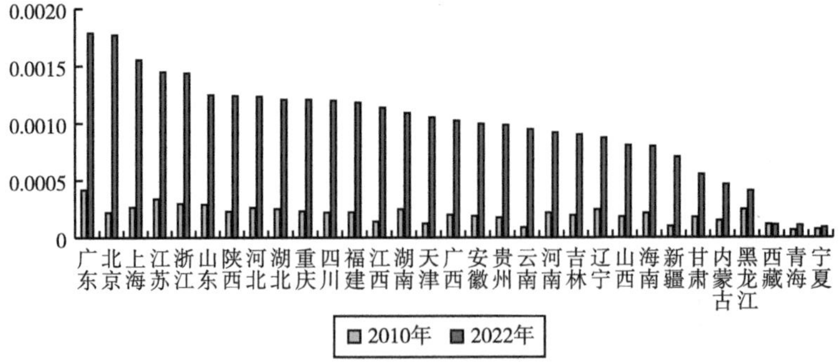

图 4-6 2010 年、2022 年各省（区、市）绿色金融测度得分

相较于东部沿海各省（市），初期山东省绿色金融发展水平具有一定相对优势，居第 4 位，但北京、上海 2 市在绿色信贷、绿色投资等绿色金融细分领域不断提速加力，高耗能利息支出占比下降显著，通过绿色信贷有效调整产业结构，倒逼“两高一剩”企业转型发展，政府财政绿色支持力度也取得显著增长，2市绿色金融发展水平也逐渐赶超山东，导致山东省绿色金融发展水平逐渐退居沿海地区中游水平。相较于黄河流域各省（区），山东省绿色金融发展水平始终居首位，但陕西省赶超态势强劲，导致山东首位度有所下降。

在各分项指标上，山东省环保项目信贷规模和占比均取得显著增长，为推动能源和产业转型提供信贷支持，但高耗能利息支出占比呈现出先下降后上升态势，表明在经济转型发展的关键期，通过绿色信贷这一金融工具对高耗能、高污染行业的管控效果仍不够理想，金融机构在绿色信贷等绿色金融产品发展上仍有较大发展空间；绿色债券发行规模增长较为显著，在各省（区、市）排名有所上升；绿色发展的财政支持力度也有一定增长，但增速处于中下游，导致在各省（区、市）排名有一定下跌。

二、普惠金融

山东省普惠金融机构、普惠信贷、普惠保险、数字普惠等普惠金融各细分领域均取得一定发展，普惠金融综合测度得分在各省（区、市）处于中上游水平（见图4－7），普惠金融发展空间依然广阔。

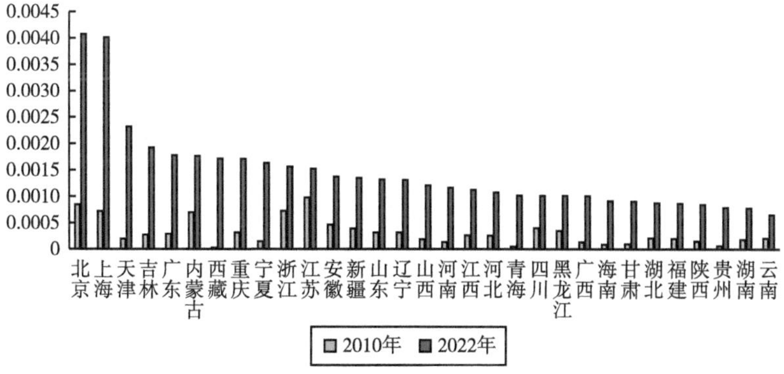

图4－7 2010年、2022年各省（区、市）普惠金融测度得分

相较于东部沿海各省（市），山东省普惠金融发展水平始终居中游水平，在数字普惠、普惠信贷等领域与北京、上海、浙江等相比仍有一定差距；相较于黄河流域各省（区），山东省普惠金融发展水平位居前列，在数字普惠、普惠信贷发展上有一定优势，但在普惠保险、村镇银行等小微金融机构覆盖度方面仍有较大发展空间。

在各分项指标上，山东省村镇银行等小微金融机构发展势头强劲，村镇银行网点规模显著增加，逐渐跃居各省（区、市）第 2 位，有效增加“三农”和小微企业金融服务供给，但由于农村人口数量众多，每万人拥有的村镇银行网点数量仍较低，导致农村金融服务的不便利和不及时；山东省普惠保险产品类型不断丰富，服务供给不断深化，其中农业保险不断提标、扩面、增品，为乡村振兴、农业发展注入“金融活水”，农业保费收入年均增长超 30%，逐渐跃居至第 4 位，但和其高居首位的农业增加值相比，农业保险深度和密度仍待提高；山东省普惠信贷规模持续增长，并逐渐从“量”向“质”转变，银行普惠信贷投放规模稳步增长的同时不断优化普惠信贷供给产品和服务，小额贷款公司等小微金融机构贷款余额也稳步增长，并不断加强对小额贷款公司等非银金融机构的监管力度，防范化解金融风险；山东省数字金融的技术底座不断夯实，应用场景亦不断扩展，有效弥补了传统金融业务由于成本难以渗透到落后地区和贫困人群的不足，数字普惠发展指数从第 14 位跃居至第 10 位，但和上海、北京、浙江等地区相比仍有一定差距。

三、产业金融

山东省依托雄厚的产业基础，产业金融发展始终位居各省（区、市）前列（见图 4－8），为不同行业属性、不同发展阶段、不同产业链位置及地位的企业提供更加便捷、高效、专业化的融资服务。

相较于东部沿海各省（市），山东省产业金融发展水平始终位居上中游，居第 4 位，且与北京、天津 2 市发展水平较为接近，仅与广东省有一定差距；相较于黄河流域各省（区），山东省产业金融发展水平始终高居首位，且首位度呈扩大趋势，首位优势越发凸显。

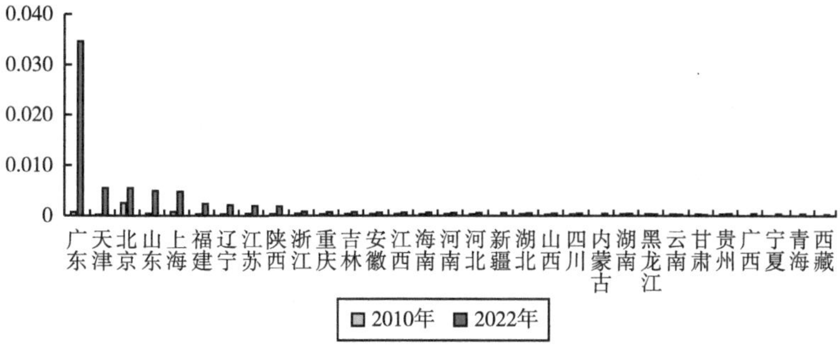

图 4－8　2010 年、2022 年各省（区、市）产业金融测度得分

在各分项指标上，财务公司、商业保理公司等供应链金融发展的主要参与者及引领者均取得快速发展，在政策、专营机构设置、平台建设、产品与服务体系等方面不断改革创新，有效带动了供应链金融应用场景拓展与市场规模提升，缓解产业链上下游中小企业融资难题，助力实体经济蓬勃发展。

四、科技金融

山东省在科技金融方面的探索与努力不断显现成效，科技金融综合测度得分在各省（区、市）排名也有一定跃升（见图 4－9），成为金融乃至经济发展的新动力。

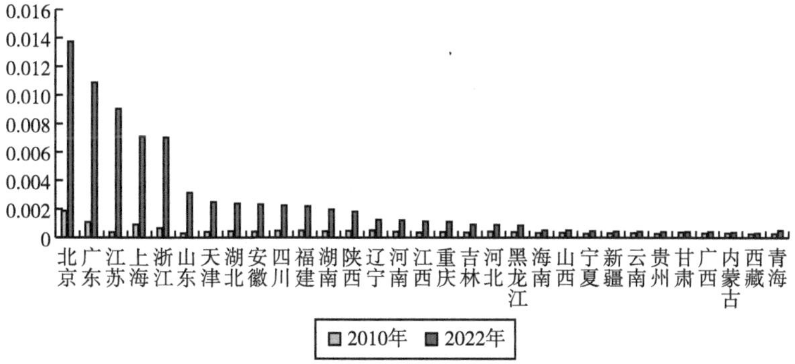

图 4－9　2010 年、2022 年各省（区、市）科技金融测度得分

相较于东部沿海各省（市），山东省科技金融发展水平优势不甚突出，虽凭借创业板和科创板上市企业的快速发展，逐渐赶超天津，但仍处于中游水平，且和浙江、江苏2省的差距呈扩大趋势；相较于黄河流域各省（区），山东省科技金融发展始终处于引领地位，尤其是在科技企业资本市场服务水平、科技金融政策支持力度等领域的首位优势越发凸显。

在各分项指标上，山东省科技创新环境不断优化，发明专利等科技创新成果不断涌现，金融发展的科技支撑力度强劲；山东省对科技企业的金融服务生态圈不断完善，科技企业上市发展渠道不断扩宽，上市企业数量也取得快速增长；山东省各级政府对于科技金融发展的政策支持力度也不断增强，尤其是2021年全国首个科创金融改革试验区落地山东，进一步加速科技金融政策体系的完善。

五、金融支持经济高质量发展能力

从金融支持经济高质量发展的综合能力看（见图4-10），山东省排名从第6位降至第7位，但始终位居各省（区、市）前列，具有一定比较优势。

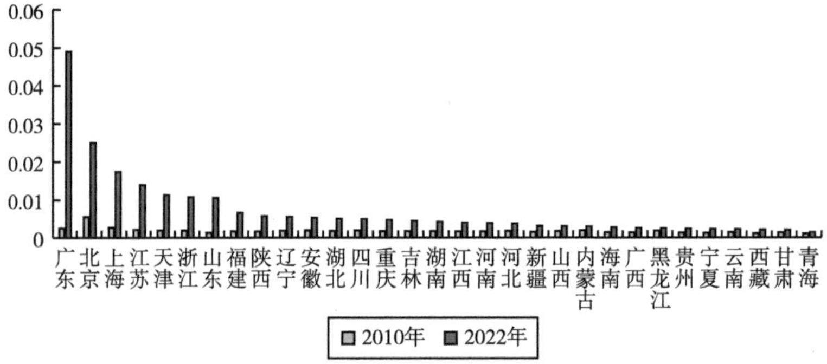

图4-10　2010年、2022年各省（区、市）金融支持经济高质量发展能力测度得分

相较于东部沿海各省（市），山东省金融支持经济高质量发展的综合能力长期处于中游水平，但由于天津在产业金融、普惠金融等领域的赶超，其位次有所降低；相较于黄河流域各省（区），山东省金融支持经济高质量发展能力长期以来居于首位，且首位优势不断凸显。

在各细分维度上，山东省在绿色金融、产业金融和科技金融领域始终处于各省（区、市）前列，但在普惠金融发展上仍待加强。

第三节 山东省金融高质量发展水平综合测度

从综合评价结果看，山东省金融高质量发展水平位居前列（见图4－11），在各省（区、市）排名长期居于第7位，与北京、上海、浙江和天津的差距趋于减小，与广东、江苏的差距则呈扩大趋势。其中金融规模、金融保障系统建设、绿色金融、产业金融和科技金融优势地位较为突出，这主要得益于山东省产业基础雄厚、科教资源丰富、金融市场规模庞大、政府引导和支持政策体系日益完善，但庞大的人口和企业规模不仅带来了庞大的金融市场，也带来了差异化、多样化的金融需求，导致普惠金融服务对象数量多、分布广，金融需求量多、面广、小额，为拓宽普惠金融服务的广度和深度带来了一定挑战，进而导致山东省普惠保险深度及农村金融服务供给不足，普惠金融发展空间较大。

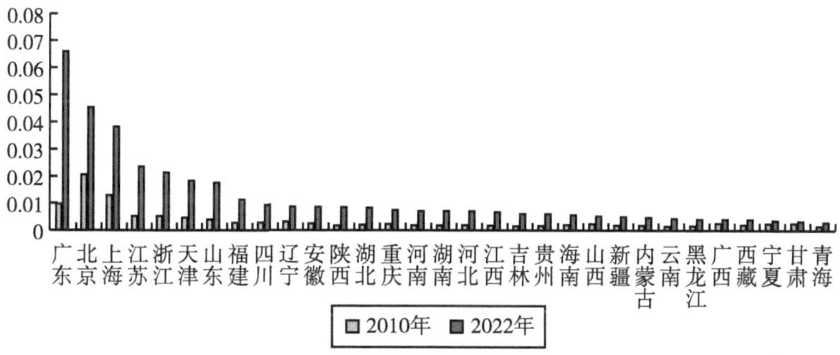

图4－11 2010年、2022年各省（区、市）金融高质量发展水平测度得分

山东省资本市场发展虽取得了显著成效，但上市公司数量仍相对较少，资产证券化率低，结构性问题突出且地市分布不平衡，证券、私募、创投、会所、律所等资本市场参与主体资源不够丰富，资本市场从业人员专业能力不足，对资本市场敬而远之的企业较多，导致上市公司支撑全省经济发展和带动经济结构调整优化的作用受到限制，进而导致山东省距离资本强省的差距仍较大，多元化金融体系建设和资本市场效率提升空间较大。另外，2010

年以来，山东省金融业增加值增速处于各省（区、市）下游水平，金融从业人员增速则位居前列，一定程度上导致金融劳动生产率的降低，金融业对经济增长贡献率的提升幅度也有限。

第四节 山东省金融高质量发展的障碍因素分析

一、障碍因子分析

通过障碍度模型对2010年和2022年山东省金融高质量发展成效水平的主要障碍因子进行识别，并筛选出各年度前10位的障碍因子（见表4－1）。

表4－1 2010年、2022年山东省金融高质量发展前10位障碍因子

障碍因子	2010年		2022年	
	障碍度（%）	排名	障碍度（%）	排名
商业保理公司数量	10.28	1	15.27	1
外资银行分支机构数量	9.48	2	8.88	2
每平方公里金融网点数量	6.62	8	8.23	3
境内上市公司总市值	8.75	4	7.15	4
每万人授权发明专利数	8.50	5	6.75	5
创业板与科创板上市公司数量	5.00	9	6.62	6
证券化率	9.07	3	5.86	7
农业保费收入与农业增加值之比	6.64	7	5.81	8
财务公司数量	7.81	6	5.32	9
境外投资规模	—	—	3.96	10
金融贡献度	3.18	10	—	—

制约山东省金融高质量发展成效水平提升的障碍因素存在一定长期性和稳定性。商业保理发展规模始终是制约其金融高质量发展的首要障碍因子，虽然山东省商业保理公司数量始终居各省（区、市）第3位，但其与居全国首位的广东差距显著，2022年商业保理公司数量仅为其11%。另外，财务公

司规模这一产业金融发展的相关指标也是制约其金融高质量发展的主要障碍因子，但伴随着近年来山东省财务公司机构数量和资产规模的增长，其障碍度显著降低。

外资金融机构发展水平是制约其金融高质量发展的第 2 位障碍因子。山东省虽凭借地处沿海、毗邻日韩的区位优势，外资银行的规模排名有所提升，但与广东、上海、北京和江苏等省（市）相比仍差距较大，且高度集中在青岛。另外，境外投资规模这一影响金融高水平开放的另一指标障碍度有所增加。

证券化率和证券业资产规模初期分别是制约其金融高质量发展的第 3 位和第 4 位障碍因子。近年来，山东省积极推进资本市场高质量发展，上市企业数量和证券业资产规模取得一定增长，但与其制造大省、经济大省的地位仍不匹配，导致两指标仍是制约其金融高质量发展的主要障碍因子，其中证券化率 2022 年在各省（区、市）仅居第 15 位，表明山东省资本市场发展相较于其他金融要素有较大潜力空间。

科技金融发展的科技能力和科技企业资本市场服务水平也是制约山东省金融高质量发展的主要障碍因子。其中，科技金融发展的科技能力障碍度较高，始终居第 4 位，但随着山东省科技实力的不断提升，该指标障碍度有一定降低；科技企业资本市场服务水平的障碍度则有一定增加，主要是缘于山东省科技型上市企业规模发展速度处于中游水平，与浙江、广东、上海和江苏等领先省（市）的差距趋于扩大。

另外，农业保险深度和金融机构密度也始终是制约山东省金融高质量发展的主要制约因子。其中，金融机构密度的障碍度有一定增加，农业保险深度障碍度略有降低，表明山东省作为人口大省、农业大省，金融服务供给的覆盖率、可得性和普惠性对其金融高质量发展有显著影响。

二、对策分析

1. 持续提升科技金融质效

强化济南国家级科创金融改革试验区引领，不断加强制度创新、政策集成、辐射带动。融合互联网、云计算、大数据、人工智能等技术平台，打破数据壁垒，畅通数据共享渠道，完善科技金融顶层设计和政策体系，积极培育“政企银保担”多主体联动协同的科技金融生态圈，丰富科技金融产品体系，为山东省科技金融发展提供可复制、可推广的发展经验。

加强创新驱动，提高科技金融发展的科技实力。突出企业科技创新主体地位，培育壮大科技领军企业机制，充分发挥龙头型和高速成长型科技领军企业引领带动作用；实施科技型中小企业创新能力提升工程，鼓励中小企业和民营企业科技创新，畅通创新发展的“毛细血管”；发挥产业基础，纵深推进科技创新和产业创新深度融合，加强产学研合作和科技成果转化推广。

发挥产业优势，提升科技型企业全周期金融服务水平。围绕企业全生命周期，针对初创期、成长期和成熟期等不同阶段科技型企业的不同需求打造不同的金融产品，探索价值评估和风险缓释手段，丰富科技金融产品体系；创新资本市场服务，拓宽科技型企业直接融资渠道，引导各类科创企业分别在科创板、创业板、北京证券交易所、新三板和区域性股权市场“专精特新”专板挂牌或上市，加强山东省“四板市场”与全国性证券市场深层次的合作衔接。

2. 稳步推进金融高水平双向开放

持续提升跨境金融服务水平，高效支持企业“走出去”和“引进来”。引导国有大行一级、二级分行等金融机构发挥全球化网络布局和专业优势，为外贸企业打造全方位跨境金融服务网络，持续提升跨境贸易和投融资便利化水平；持续加强与中国香港、新加坡、韩国等证券交易所的合作，建立常态化交流合作机制，鼓励企业整体或主营业务到中国香港、新加坡等资本市场上市；在现有外资银行发展基础上，进一步优化营商环境，吸引更多外资金融机构和长期资本来山东展业兴业，加强不同所有制类型金融机构的互动与合作，提高金融产品和服务的多元化和多样性。

发挥区位和政策优势，构建金融合作开放新格局。支持山东自贸试验区济南片区、青岛片区和烟台片区及上合示范区在金融高水平开放方面先行先试，形成更多首创性、集成式改革创新成果；发挥毗邻日韩的区位优势，推动落实并不断完善中日韩金融领域产官学研的合作和交流，拓宽合作模式；

持续提高金融监管有效性，加强对跨境资本流动的监测、分析和预警，防范跨境风险传导，提高金融和经济韧性。

3. 扎实建设多层次资本市场体系

提升多层次市场的服务覆盖面和精准度，扩大上市企业规模。加强与上海证券交易所、深圳证券交易所、北京证券交易所等证券交易所及全国性大型证券公司、私募基金等金融机构的合作，积极争取签署全面战略合作协议，常态化开展覆盖面广、形式多样、针对性强的各类上市培训活动；加快蓝海股权“专精特新板”和齐鲁股交“专精特新”专板等区域性股权市场发展，健全与全国证券市场的衔接机制，提升对中小微企业的融资服务；总结推广山东资本市场领域的经验做法和典型案例，鼓励企业抓住全面实行股票发行注册制改革的重大机遇，科学规划挂牌、上市路径；发挥制造大省、强省优势，挖掘山东省在资本市场的广阔潜力和需求，培育优质上市后备资源，不断壮大上市公司梯队。

加快形成资本市场良好生态，优化上市企业结构和质量。进一步深化资本市场赋能国资国企改革，通过改制上市、增资扩股、并购重组、债券发行等多种方式，扩大国有企业融资渠道，促进国有资本结构调整、转型升级；积极支持上市公司通过股份回购、股东增持等方式加强市值管理，合理利用并购重组、再融资、股权激励等资本市场工具提质增效、转型发展，稳步提升市值规模；严格强制退市标准，有序出清“僵尸”“空壳”企业，强化退市监管，净化资本市场生态；进一步发挥新旧动能转换基金等政府引导基金的激励引导作用，吸引社会资本进入有利于经济发展的关键领域和薄弱环节；推进首次公开募股（IPO）政策向“十强产业”“四新经济”领域倾斜，加快推动数字经济、智能制造、生命健康、新能源新材料等领域优质企业上市。

4. 加快推进资金链和产业链供应链深度融合

积极发展供应链金融，缓解中小企业资金压力。鼓励大型企业设立商业保理、融资租赁或财务公司等子公司，丰富产业金融领域金融组织业态；加强商业保理公司监管，引导其利用供应链平台生态中核心企业的信用优势，规范开展供应链金融、资产证券化等业务，为供应链上下游中小企业提供差异化融资服务；推进财务公司坚守主责主业，突出产品创新和管理创新，实现金融解决方案与产业特点的个性化对接，促进企业集团、产业体系、成员单位多元主体间的合作共赢；加快发展数字供应链金融，加强核心企业、商业保理、财务公司、银行与证券等多元主体间的合作，推进“一链一网一平台”试点示范建设，构筑“数据+平台+赋能”数字供应链金融商业模式，打通金融服务与产业生态之间的壁垒。

构建产融协同发展体系，加快产业链供应链升级。积极发挥“互联网+金融”在加快新能源、人工智能、生物制造、绿色低碳和区块链等前沿技术研发和应用推广中的重要作用，加快发展新质生产力；充分发挥供应链金融的稳链、保链、强链作用，聚焦高端装备、新一代信息技术、生物医药、新能源新材料等重点产业，不断完善产业链场景金融服务，形成一批创新能力强、技术水平高、协同治理能力突出的“链群”；深化金融供给侧结构性改革，稳步提高科技型企业贷款、绿色贷款、高技术制造业中长期贷款等支持力度，健全专业化信用评价和风控体系，丰富创新专业化金融产品和工具，助力新旧动能转换和现代产业体系建设。

5. 切实提高金融服务的覆盖率、可得性和满意度

丰富农村金融服务主体，提高农村地区金融服务水平。健全农村金融服务体系，提高村镇银行等新型农村金融机构的供给规模和服务质量，加强农业保险基层服务体系建设，稳步发展农村地区证券期货服务，创新涉农金融产品和服务，提高农村金融服务的覆盖率和便利性；完善农村金融基础设施，加大农村基站建设力度，改善农村支付服务环境，推进农村信用体系建设，丰富“信用+金融产品”“信用+贷款担保”“信用+整村授信”等信用金融模式；因地制宜，根据当地农业发展情况，聚焦涉农企业、合作社、规模农户等新型农业经营主体、返乡创业者及新型职业农民等不同主体的金融需求，助力特色农业和农业新业态等产业发展。

着力打造金融企业总部经济，优化金融聚力生态。制定税收、土地等一系列优惠政策，积极引入银行、保险、证券等金融机构的地区总部或总部功能部门，同时支持金融机构一级分支机构和专业机构、特色金融业态机构落户，提高金融机构集聚度和金融辐射力；推动金融业态的多元化发展，在推动银行、保险、证券等传统金融机构高质量发展的同时，加快融资担保公司、

小额贷款公司、典当行、融资租赁公司、商业保理公司、地方资产管理公司、区域性股权市场等地方金融业态发展，着力培育各类基金及管理人，促进互联网金融、数字金融等新兴领域的发展；鼓励高校、研究机构和行业组织举办金融高端论坛、专业会议等活动，不断提升区域金融发展品牌影响力，同时推动产学研融合，逐渐形成一支真懂金融、能干金融的人才队伍。

强化临沂国家级普惠金融服务乡村振兴改革试验区引领，高质量打造金融支持乡村振兴的“沂蒙高地”。积极探索农村抵质押物创新，加快推进农村要素产权流转体系平台体系建设，不断丰富交易品类，探索农村产权授信、交易、变现等价值转化路径；优化普惠金融风险分散体系的政策设计，形成农户、保险机构、银行、政府、农业设施生产销售方等相关利益方风险共担机制；探索“党建 + 信用 + 金融 + 金融专员”金融助农新模式，不断提升“三农”保险服务中心、农业担保服务站、金融服务超市等农村金融服务网点的服务能力、运营效率和市场竞争力，创新“乡村振兴金融专员”的选聘和管理机制，加快提高金融专员的金融专业知识、服务技能以及风险防控能力，完善美德积分金融转化机制，不断拓展美德信用金融转化覆盖面。

| 第五章 |

山东省金融高质量发展时空格局演变

第一节　山东省金融高质量发展的时序演变特征

一、金融自身发展能力的时序演变特征

（一）各地市金融规模的时序演变特征分析

1. 发展水平演进趋势分析

在位序上（见图 5－1），前 8 位相对较为稳定，其中青岛逐渐赶超济南，跃居全省首位，济南则退居第 2 位，烟台、潍坊、淄博、济宁则分别居第 3 位～第 6 位，临沂则逐渐赶超威海，从第 8 位跃居至第 7 位，威海则退居至第 8 位；后 8 位则变化较大，其中德州、菏泽排名提升显著，均提升 5 个位次，分别提升至第 9 位和第 11 位，滨州排名则显著下降，从第 10 位降至第 15 位，聊城、泰安、东营、枣庄、日照 5 市则分别下降 1 个位次。

在增速上，菏泽市金融规模增速最为显著，一方面伴随着城信社向城商行改制，其商业银行法人机构数量从无到有，并不断增长至 9 家，且第一家财务公司山东东明石化集团财务有限公司于 2021 年成立，丰富金融业法人机构内部结构，也使金融业法人机构数量排名从末位提升至中游水平；另一方面，在工业立市、创新驱动的战略引领下，菏泽经济社会发展取得长足进步，

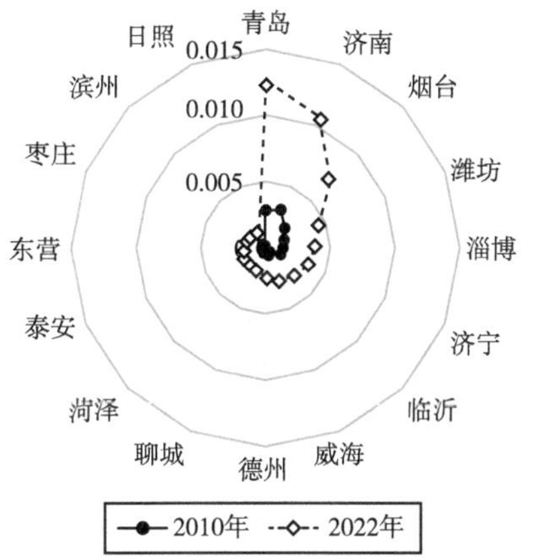

图 5－1 2010 年、2022 年山东省各地市金融规模测度得分

2010 年以来 GDP 年均增速居全省首位，在经济快速发展的驱动下，各项金融业资产呈现出蓬勃向上的发展势头，其中银行业存贷款规模增速居全省首位，排名从倒数第 2 位提升至第 9 位，保费收入增速也仅次于济南，A 股上市公司也于 2016 年实现零的突破，证券业资产取得快速增长。德州金融规模增速也较为显著，一方面有赖于金融业法人机构和金融企业数量的增多，从仅有德州银行一家商业银行发展至 12 家城、农商行，金融企业密度也取得快速增长，但总部金融始终缺乏其他类型的金融机构法人；另一方面得益于德州市着力打造资本市场“德州板块”，坚持上市公司数量和市值一起抓，境内和境外一并上，主板、中小板、创业板、科创板和精选层一齐推，着力培育上市后备资源，增强上市公司核心竞争力，证券业资产规模取得快速发展。日照、临沂金融规模增速也较快，两市均主要得益于金融企业网点密度和银行业、保险业资产规模的快速增长。

相反，淄博、济宁和潍坊金融规模增速则相对较低，其中淄博增速最低，主要是缘于其金融存贷款增速偏低，2010—2022 年年均增速处于全省末位，其中制造业贷款更是连续多年出现负增长，反映出企业扩大生产的动力和意愿不足；济宁增速偏低则主要缘于其资本市场增速较低，虽然有兖矿能源、太阳纸业、山推股份等优势上市企业，上市公司总数值居全省第 6 位，具有一定规模优势，但 2010 年之后登陆资本市场的 5 家上市企业，市值均较小，证券业资本市场增速处于下游水平。

2. *发展差异演进趋势分析*

在各地市金融规模的层级分布上（见表5－1），从金融规模首位度看，全省首位度呈先缓慢下降后上升的趋势，生动展现出济南首位优势逐渐降低并被青岛赶超的过程；从位序—规模分布特征看，齐普夫指数（q）初期大于1，表明初期各市金融规模的层级分布比较集中，高位序城市规模很突出，中小城市不够发育，但伴随着菏泽、德州、临沂、日照等中小城市的快速发展，金融规模层级分布趋于分散化，但2018年以来青岛、烟台、济南等大城市金融规模增速提速，导致金融规模层级分布趋于集中化，齐普夫指数趋于上升，但仍小于1。

表5－1　2010年、2014年、2018年、2022年山东省金融规模首位度及齐普夫指数

指标	2010年	2014年	2018年	2022年
首位度	1.096	1.002	1.018	1.178
q	1.291	0.936	0.780	0.903

在各地市金融规模的总体差异上，泰尔指数呈先下降后上升趋势，但差距始终小于初期水平，表明地市间发展不平衡状况较初期有所改善（见表5－2）。

表5－2　2010年、2014年、2018年、2022年山东省及各经济圈金融规模泰尔指数

指标		2010年	2014年	2018年	2022年
总体差异		0.433	0.295	0.231	0.299
区域间差异		0.067	0.060	0.035	0.054
区域内差异	省会经济圈	0.487	0.315	0.263	0.328
	胶东经济圈	0.264	0.203	0.183	0.238
	鲁南经济圈	0.367	0.104	0.071	0.068
	总区域内差异	0.366	0.235	0.196	0.245

注：《山东省国土空间规划（2021—2035年）》提出构建"一群两心三圈"城镇空间布局，其中省会经济圈包括济南、淄博、泰安、聊城、德州、滨州、东营7市，胶东经济圈包括青岛、烟台、威海、潍坊、日照5市，鲁南经济圈包括临沂、枣庄、济宁、菏泽4市。

在各经济圈内部差距上，从差异大小看，省会经济圈内部差距始终最大，尤其是总部金融发展和银行业资产存在显著差异，济南首位优势越发凸显，第2位城市淄博金融规模增长乏力，德州、聊城、泰安、东营和滨州金融规模发展水平相对较低；初期，胶东经济圈内部差距最小，但鲁南经济圈内部差距下降显著，逐渐发展成为内部差距最小的经济圈，尤其是总部金融和证券业资产差距下降显著。从差异变化趋势看，省会经济圈和胶东经济圈均呈先下降后上升趋势，且转折点均为 2018 年。这主要是由于 2018 年以来，济南、青岛这些高位序城市金融规模发展速度加快，集聚效应越发凸显，而鲁南经济圈始终呈下降趋势，首位城市济宁的规模优势逐渐降低，2022 年首位度已降至 1.2。从对总体差距的贡献率看，经济圈内差距始终占据主导地位，但对总体差异的贡献率略有下降。

在各经济圈间差距上，从各经济圈平均水平看，胶东经济圈金融规模发展水平始终最高，青岛、烟台、潍坊始终稳居全省前 4 强，威海处于全省中游水平，仅日照发展水平较低；鲁南经济圈金融规模发展水平则始终最低，济宁、临沂处于全省中游水平，枣庄、菏泽发展水平较低，但得益于菏泽、临沂金融规模增速较高，其与胶东经济圈和省会经济圈的差距趋于降低。从差距大小及贡献率看，各经济圈间差距呈先下降后上升趋势，对总体差异的贡献率在波动中略有增长。

（二）各地市金融结构的时序演变特征分析

1. 发展水平演进趋势分析

在位序上（见图 5－2），仅青岛市始终保持首位，其他城市排名变化较大。其中，临沂市排名显著提升，从第 13 位提升至第 3 位，但其金融资产结构仍较为单一；枣庄、济南、泰安和日照排名提升也较为显著，枣庄得益于金融资产结构多元化水平的提高，排名提升 5 位，济南、泰安和日照排名均提升 4 位，且主要是得益于金融组织体系结构的优化。相反，聊城、济宁和潍坊排名则显著下降。

在增速上，枣庄金融结构的优化调整趋势最为显著，主要缘于枣庄金融资产结构的调整，2016 年首家 A 股上市公司“丰元股份”成功上市，并逐渐增长至 4 家上市公司，证券业资产规模增长较为显著，且金融机构存贷款增速偏低，共同推动非银资产占比的提升；临沂、菏泽金融结构的优化调整趋势也较为显著，其中临沂主要是得益于金融机构体系的结构优化，在高水平建设普惠金融服务乡村振兴改革试验区和商贸服务型国家物流枢纽等政策机遇下，临沂切实加大金融机构招引培植力度，临沂财金集团、临沂融资担保集团等国有金融骨干企业相继成立，加快地方金融机构转型升级步伐，融资担保公司、民间融资

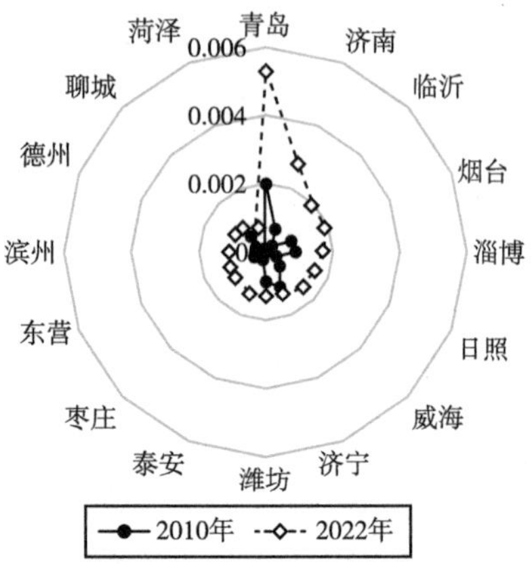

图 5-2　2010 年、2022 年山东省各地市金融结构测度得分

机构等地方金融组织不断涌现，多元化金融服务体系不断成熟，菏泽则主要得益于证券业资产的快速增长。相反，济宁、潍坊和聊城金融结构的优化调整速度较慢，其中济宁增速较低，一方面缘于其证券业资产增速较低，另一方面是由于其多元化金融机构体系发展速度相对较慢，融资租赁等非货币银行服务类机构相对较少；潍坊和聊城则主要是缘于其金融资产结构优化调整速度较慢，2 市金融机构存贷款增速相对较高，但证券业资产增速相对较慢，金融资产进一步向银行等金融机构集中，导致 2 市金融资产结构趋于单一化。

2. *发展差异演进趋势分析*

在各地市金融结构的层级分布上（见表 5-3），从金融结构首位度看，山东省首位度呈先上升后下降趋势，表明随着济南市金融结构优化调整提速，其与首位城市青岛的差距趋于减小；从位序—规模分布特征看，齐普夫指数始终小于 1，表明山东省金融结构分布比较分散，高位序城市不是很突出，中低层级的城市数量占比较高，且呈先快速下降后缓慢上升趋势，表明总体上金融结构层级分布分散化力量较强。

表 5-3　2010 年、2014 年、2018 年、2022 年山东省金融结构首位度及齐普夫指数

指标	2010 年	2014 年	2018 年	2022 年
首位度	1.791	2.664	2.299	2.009
q	0.996	0.746	0.524	0.552

在各地市金融结构的总体差异上（见表 5－4），泰尔指数呈先显著下降后缓慢上升趋势，地市间金融结构发展水平不均衡程度总体有所缓解。

表 5－4 2010 年、2014 年、2018 年、2022 年山东省及各经济圈金融结构泰尔指数

指标		2010 年	2014 年	2018 年	2022 年
总体差异		0.269	0.236	0.121	0.139
区域间差异		0.063	0.068	0.037	0.030
区域内差异	省会经济圈	0.010	0.067	0.038	0.065
	胶东经济圈	0.173	0.265	0.135	0.178
	鲁南经济圈	0.551	0.125	0.051	0.047
	总区域内差异	0.206	0.168	0.083	0.109

在各经济圈内部差距上，从差异大小看，鲁南经济圈内部差距初期最大，主要是缘于各地市显著的金融资产结构差距，枣庄、菏泽 2 市资本市场发展较晚，直至 2016 年才实现 A 股上市公司零的突破，导致金融资产高度集中在银行业，但随着 2 市资本市场的发展，鲁南经济圈内部差距也趋于减小，并逐渐降至各经济圈最低水平；胶东经济圈则逐渐成为内部差距最大的经济圈。从差异变化趋势看，鲁南经济圈始终呈降低趋势，济宁首位度也逐渐降低，并逐渐被临沂取代；省会经济圈呈先下降后上升趋势，整体仍趋于减小，但首位度有所增加，济南首位优势越发凸显；胶东经济圈则呈波动增长趋势，主要是由于各地市金融资产结构差距趋于扩大，烟台非银资产占比显著提高，已长期稳居全省首位，而日照资本市场发展疲软，上市公司数量和市值已连续几年在全省垫底，非银资产占比显著下降，导致胶东经济圈两极分化越发明显。从对总体差距的贡献率看，经济圈内差距始终占据主导地位，且对总体差异的贡献率略有上升。

在各经济圈间差距上，从各经济圈平均水平看，胶东经济圈金融结构发展水平始终最高，青岛、烟台居全省前列，日照、威海和潍坊则处于全省中游水平；鲁南经济圈发展水平则始终最低，但得益于临沂、枣庄金融结构优化调整成效颇丰，其与胶东经济圈和省会经济圈的差距趋于减小，与省会经济圈更是已非常接近。从差距大小及贡献率看，各经济圈间差距呈先增加后降低趋势，对总体差异的贡献率趋于降低。

（三）各地市金融功能的时序演变特征分析

1. 发展水平演进趋势分析

在位序上（见图5-3），济南曾长期居全省首位，但由于资本市场发展一度陷入低潮，导致资本市场发展水平与其经济地位不匹配，证券化率降低，且金融对经济增长的贡献率2018年以来有所回落，导致其金融功能发展水平逐渐被烟台赶超，退居全省第2位，但其保险深度和金融贡献率仍居全省首位；威海、枣庄、德州排名提升显著，而潍坊、济宁、日照、菏泽排名显著下降；青岛排名则较为稳定，居全省第4位，其与烟台同为山东资本市场最主要的引领性力量，在资本市场的发展规模上表现出色，但与其稳居全省首位的经济规模相比仍有一定发展空间，金融贡献率也逐渐跃居全省第2位，但保险深度偏低，2022年在全省排名第13位，与其经济规模不相称，发展空间大。

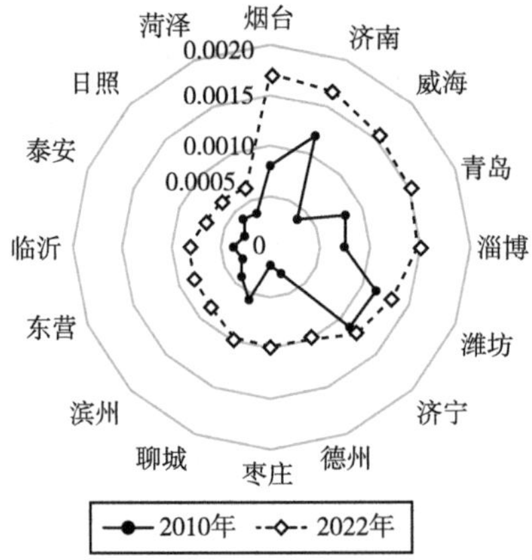

图5-3　2010年、2022年山东省各地市金融功能测度得分

在增速上，枣庄金融功能提升较为显著，主要得益于其证券化率和保险深度的快速增长，但值得注意的是，其金融深度的增加并不主要缘于金融资产规模的增加，而是由于资源枯竭城市转型期GDP增速放缓，2010—2022年年均GDP增速在全省垫底；威海、德州金融功能提升也较为显著，2市均主要得益于证券化率和金融贡献率的快速增长，2010—2022年上市公司总市值和金融增加值年均增速均位居全省前列。济宁和潍坊金融功能发展水平增速则相对较慢，主要是由于2市资本市场发展速度落后于其经济增速，其中潍坊多家公司上市后业绩不增反降，资本投资效率低下，错失快速发展的大好机遇。

2. 发展差异演进趋势分析

在各地市金融功能的层级分布上（见表5－5），从金融功能首位度看，全省首位度在波动中呈下降趋势，表明烟台虽逐渐赶超济南，但其相较于济南的首位优势并不突出；从位序—规模分布特征看，其与金融结构分布特征较为相似，齐普夫指数始终小于1，且呈先快速下降后缓慢上升趋势，表明山东省金融功能分布比较分散，高位序城市不很突出，中低层级的城市数量占比较高，分布趋于分散的力量大于集中的力量。

表5－5　2010年、2014年、2018年、2022年山东省金融功能首位度及齐普夫指数

指标	2010年	2014年	2018年	2022年
首位度	1.034	1.037	1.173	1.033
q	0.684	0.529	0.356	0.390

在各地市金融功能发展水平的总体差异上，泰尔指数呈先显著下降后缓慢上升趋势，地市间金融功能发展水平不均衡程度总体有所缓解（见表5－6）。

表5－6　2010年、2014年、2018年、2022年山东省及各经济圈金融功能泰尔指数

指标		2010年	2014年	2018年	2022年
总体差异		0.151	0.091	0.042	0.052
区域间差异		0.010	0.016	0.009	0.011
区域内差异	省会经济圈	0.146	0.080	0.052	0.046
	胶东经济圈	0.085	0.094	0.019	0.042
	鲁南经济圈	0.227	0.025	0.023	0.027
	总区域内差异	0.141	0.075	0.033	0.040

在经济圈内部差距上，从差异大小看，鲁南经济圈初期差距最为显著，主要是缘于4市证券化率差距较大，济宁证券化率高居全省前列，菏泽、枣庄上市公司发展仍处于空白，另外保险深度差距也较大，临沂保险深度居全

省首位，而枣庄则居全省倒数第 2 位，但伴随着枣庄、菏泽资本市场的发展及枣庄保险深度的增加，鲁南经济圈内部差距逐渐降至各经济圈最低水平；省会经济圈则逐渐发展成为内部差距最大的经济圈，主要是由于各市金融劳动生产率和金融贡献率的差距较大，济南金融劳动生产率居全省前列，金融贡献率稳居全省首位，已接近 9%，而德州、聊城等市金融劳动生产率较低，德州、东营金融贡献率较低，不足 5%。另外从差异变化趋势看，省会经济圈始终呈降低趋势，鲁南经济圈呈先显著下降后缓慢增长趋势，胶东经济圈波动较大，整体呈下降趋势。从对总体差距的贡献率看，经济圈内差距始终占据主导地位，但对总体差异的贡献率显著下降。

在各经济圈间差距上，从各经济圈平均水平看，胶东经济圈金融功能发展水平始终最高，在全省前五强始终占据 3 个席位，仅日照金融功能发展水平偏低；鲁南经济圈金融功能发展水平则始终最低，且和省会经济圈和胶东经济圈的差距趋于扩大。从差距大小及贡献率看，各经济圈间差距呈波动增长趋势，对总体差异的贡献率显著增长，对全省金融功能均衡发展的制约越发凸显。

（四）各地市金融保障的时序演变特征分析

1. 发展水平演进趋势分析

在位序上（见图 5 -4），青岛始终稳居全省首位，金融服务可获得性和外资金融机构数量始终居全省首位，且首位优势越发突出，境外投资规模也位居全省前列；济南凭借金融开放水平的显著提高，逐渐赶超烟台，从第 3 位升至第 2 位；东营、德州排名有一定提升，均提升 3 个位次，分别提升至第 8 位和第 13 位，主要得益于 2 市境外投资规模的增加，其中东营充分发挥产业、资源优势，主动服务和融入高质量共建“一带一路”，境外投资规模显著增加，2010—2022 年均增速居全省首位；聊城、临沂排名显著下降，主要是缘于 2 市近年来境外投资规模在波动中趋于降低。

在增速上，济宁、威海和潍坊增速相对较高，主要得益于 3 市境外投资规模的快速增加，其中济宁通过开展企业与银行、保险机构的对接，建立全球投资项目分布数据库、国别投资环境信息库、境外合作项目库、国际承包

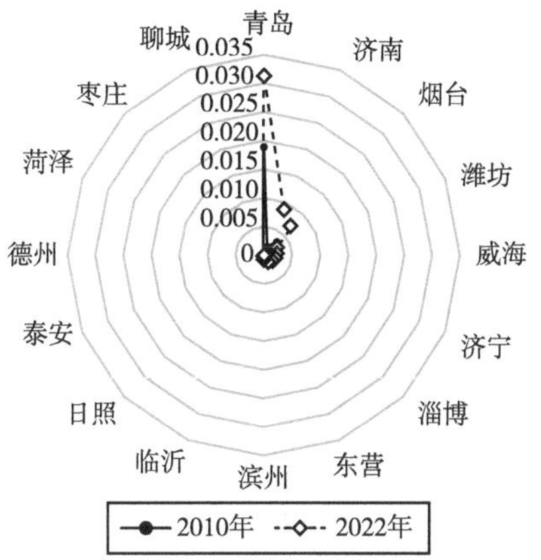

图 5 – 4　2010 年、2022 年山东省各地市金融保障测度得分

工程招投标资料库、“走出去”专家数据库，破解企业走出去融资难题，境外投资规模增速显著，另外威海 2013 年迎来首家外资银行，即韩国友利银行威海分行，对创新金融产品、优化区域金融环境、助力企业走出去起到积极作用；聊城、临沂 2 市增速则相对较低。

2. *发展差异演进趋势分析*

在各地市金融保障的层级分布上（见表 5 – 7），从金融保障首位度看，全省首位度呈先增长后降低趋势，整体上有所降低，主要是由于济南外资金融机构数量和境外投资规模的快速增加，尤其是境外投资规模已赶超青岛，使青岛的相对优势逐渐降低；从位序—规模分布特征看，齐普夫指数也呈先增长后降低趋势，整体上略有降低，但始终大于 1，表明山东各地市金融保障发展水平规模分布比较集中，高位序城市发展较突出，而中低位序城市发展不足。

表 5 – 7　2010 年、2014 年、2018 年、2022 年山东省金融保障首位度及齐普夫指数

指标	2010 年	2014 年	2018 年	2022 年
首位度	5. 743	6. 325	5. 697	3. 419
q	1. 827	2. 032	1. 824	1. 778

在各地市金融保障发展水平的总体差异上（见表 5 – 8），泰尔指数始终呈下降趋势，地市间金融保障发展水平不均衡程度得到有效缓解。

表 5-8　2010 年、2014 年、2018 年、2022 年山东省及各经济圈金融保障泰尔指数

指标		2010 年	2014 年	2018 年	2022 年
总体差异		1.557	1.401	1.314	1.082
区域间差异		0.631	0.530	0.519	0.366
区域内差异	省会经济圈	0.479	0.659	0.717	0.785
	胶东经济圈	1.012	0.907	0.837	0.720
	鲁南经济圈	0.291	0.815	0.226	0.366
	总区域内差异	0.926	0.872	0.796	0.716

在各经济圈内部差距上，从差距大小看，胶东经济圈内部差距曾长期居各经济圈首位，主要是缘于各市金融开放发展水平差距较大，但随着各市积极推进金融高水平开放，差距趋于减小，而省会经济圈则逐渐发展成为内部差距最大的经济圈；鲁南经济圈内部差距较低，首位度也相对较小，高位序城市不突出。从差距变化趋势看，胶东经济圈差距始终呈降低趋势，青岛首位优势地位有一定降低；省会经济圈差距始终呈增长趋势，济南首位优势越发突出，主要是缘于各市境外投资规模差距越发显著，呈现一定两极分化趋势；鲁南经济圈内部差距起伏波动大，总体呈增长趋势。从对总体差距的贡献率看，经济圈内差距始终是总体差异的主要来源，但与金融规模、金融结构等其他维度相比，对总体差异的贡献率较小。

在各经济圈间差距上，从各经济圈平均水平看，胶东经济圈金融保障发展水平始终最高，在全省前五强席位从 3 个增长至 4 个，仅日照处于中游水平；鲁南经济圈金融保障发展水平则始终最低，济宁、临沂处于中游水平，而菏泽和枣庄始终处于下游，和两经济圈的差距较金融规模等其他维度均显著偏大，且和省会经济圈的差距趋于扩大。从差距大小及贡献率看，各经济圈间差距呈降低趋势，对总体差异的贡献率也略有降低。

（五）各地市金融自身发展能力的时序演变特征分析

1. 发展水平演进趋势分析

在位序上（见图 5-5），大部分城市位次都较为稳定，其中青岛始终稳居全省首位，在金融规模、金融结构和金融保障系统发展上均居全省首位；济南则逐渐赶超烟台，跃居第 2 位，且与青岛的差距趋于降低；潍坊、淄博、济宁

和威海4市排名略有波动，但始终占据第4位～第7位；临沂、东营和德州3市位次有一定提升，2022年分别占据第8位～第10位，其中临沂第8位的名次自2014年就趋于稳定；枣庄、菏泽2市位次较为稳定，长期居全省末位。但聊城排名变化较大，且在各个维度均出现排名倒退，尤其是金融资产结构和金融对外开放领域增速较慢，导致在金融结构和金融保障发展排名下降尤为显著。

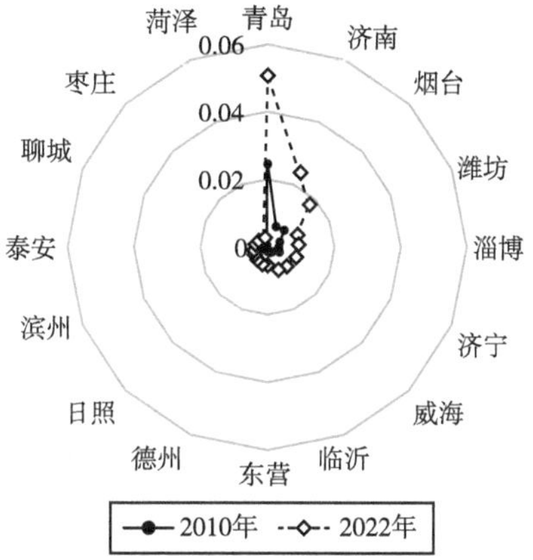

图5－5　2010年、2022年山东省各地市金融自身发展能力测度得分

在增速上，枣庄、菏泽和德州增速相对较高，其中枣庄在金融功能和金融保障领域的增速均居全省首位，菏泽金融规模增速最为显著，且金融结构也取得显著优化，德州在金融规模、金融功能和金融保障等领域增速均位居前列；青岛、聊城、济宁增速相对较低，其中青岛增速较低主要是由于其金融发展从“增量扩张”向“存量提升”转变，金融保障系统领域增速相对较低，济宁则主要是由于其资本市场发展速度较慢，导致证券业资本规模、证券化率等指标增速较低，进而导致在金融规模、金融结构和金融功能等领域增速较低，聊城则主要由于其在金融保障和金融结构领域增速相对较低。

2. *发展差异演进趋势分析*

在各地市金融自身发展质量的层级分布上（见表5－9），从首位度看，全省首位度呈先增长后降低趋势，整体上有所降低，主要是由于济南在金融保障和金融结构领域的快速发展，使青岛的首位优势逐渐降低；从位序—规模分布特征看，齐普夫指数不断降低，从1.254降至0.960，表明山东各地市金融自身发展质量的规模分布渐趋分散，越发接近规模分布的理想状态，即分布相对均匀，等级结构较为齐全，共同构成一个协调发展的城市体系。

表 5－9　2010 年、2014 年、2018 年、2022 年山东省金融自身发展能力首位度及齐普夫指数

指标	2010 年	2014 年	2018 年	2022 年
首位度	3.498	4.071	3.024	2.099
q	1.254	1.180	0.993	0.960

在各地市金融自身发展质量的总体差异上（见表 5－10），泰尔指数呈下降趋势，地市间金融发展不均衡程度得到有效缓解。

表 5－10　2010 年、2014 年、2018 年、2022 年山东省及各经济圈金融自身发展能力泰尔指数

指标		2010 年	2014 年	2018 年	2022 年
总体差异		0.646	0.670	0.525	0.422
区域间差异		0.210	0.223	0.171	0.116
区域内差异	省会经济圈	0.270	0.257	0.247	0.291
	胶东经济圈	0.534	0.563	0.465	0.375
	鲁南经济圈	0.275	0.221	0.054	0.063
	总区域内差异	0.436	0.447	0.353	0.306

在各经济圈内部差距上，从差距大小看，胶东经济圈内部差距始终最大，主要是缘于在金融保障和金融结构上内部差距较大；鲁南经济圈内部差距则始终最小。从差距变化趋势看，胶东经济圈呈先增长后降低趋势，鲁南经济圈和省会经济圈则呈先降低后增长趋势，且省会经济圈后期增长趋势更为显著，主要是缘于在金融规模、金融结构和金融保障等领域，其首位城市济南的优势在后期越发凸显，而聊城、淄博等市增速相对较低。从对总体差距的贡献率看，经济圈内差距始终是总体差异的主要来源，且对总体差异的贡献率呈增长趋势。

在各经济圈间差距上，从各经济圈平均水平看，胶东经济圈金融自身发展质量始终最高，在各个维度均处于领先地位，尤其是金融保障领域的引领地位尤为显著；鲁南经济圈金融自身发展质量则始终最低，凭借在金融规模和金融结构领域的快速发展，其与胶东经济圈的差距趋于降低，但由于在金融保障领域和省会经济圈的差距显著扩大，导致其金融自身发展与省会经济圈的差距也趋于扩大。从差距大小及贡献率看，各经济圈间差距呈降低趋势，对总体差异的贡献率也降低。

二、金融支持经济高质量发展能力的时序演变特征

（一）各地市绿色金融的时序演变特征分析

1. 发展水平演进趋势分析

在位序上，青岛曾长期居山东省首位，在山东省绿色债券、绿色信贷等绿色金融领域发展上走在前列，但由于近年来绿色债券增量增速略有下降，导致排名有一定下降，而济南凭借在绿色信贷、绿色债券等绿色金融领域的快速发展，逐渐跃居首位；临沂、济宁得益于2市在绿色债券等领域的快速发展，排名显著提升；泰安、淄博和德州排名则显著下降，除和绿色债券领域发展相对较慢有关外，泰安和德州还缘于在绿色信贷领域增速相对较慢，淄博则还缘于绿色支持力度提升较慢；枣庄、菏泽排名未发生变化，分别居倒数第1位和倒数第2位，绿色金融发展亟待提升。

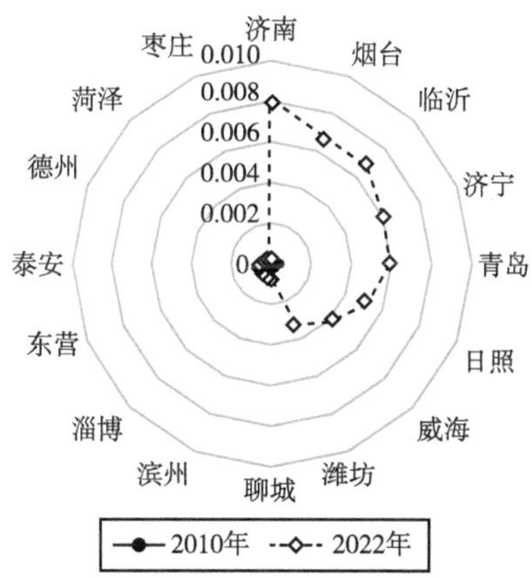

图 5－6　2010 年、2022 年山东省各地市绿色金融测度得分

在增速上，临沂、济宁和烟台增速相对较高，主要得益于3市在绿色债券领域的快速发展。例如，烟台开展绿色债券发行攻坚行动，着力扩大绿色

金融规模、拓宽绿色融资渠道、降低绿色融资成本，依托烟台银行、山东核电、城乡建设投资等主体，绿色债券发行规模显著提升。泰安、德州和淄博增速则相对较低。

2. 发展差异演进趋势分析

在各地市绿色金融的层级分布上（见表5－11），从绿色金融首位度看，全省首位度波动较大，呈先增长后降低再增长的趋势，生动展现了青岛首位优势从增强到逐渐丧失而济南首位优势不断凸显的过程；从位序—规模分布特征看，齐普夫指数也呈持续增长态势，从2010年的0.671增高至2022年的1.417，表明山东各地市绿色金融发展水平规模分布越发集中，高位序城市较突出，而中低位序城市发展不足。

表5－11　2010年、2014年、2018年、2022年山东省绿色金融首位度及齐普夫指数

指标	2010年	2014年	2018年	2022年
首位度	1.181	2.407	1.046	1.189
q	0.671	1.042	1.412	1.417

在各地市绿色金融发展水平的总体差异上（见表5－12），泰尔指数呈先增长后降低趋势，但总体仍呈增长态势，地市间绿色金融发展水平不均衡程度未得到有效缓解。这主要是由于绿色金融发展尤其是绿色证券等细分领域发展仍处于起步阶段，其中，国内绿色债券发展起于2014年，青岛、烟台、济南等城市率先取得发展并发挥示范引领作用，带动潍坊、济宁、临沂等城市绿色债券的逐步发展，但仍有部分城市绿色债券等新型绿色金融产品发展缓慢，导致差距的扩大。

表5－12　2010年、2014年、2018年、2022年山东省及各经济圈绿色金融泰尔指数

指标		2010年	2014年	2018年	2022年
总体差异		0.131	0.675	0.494	0.447
区域间差异		0.054	0.295	0.124	0.110
区域内差异	省会经济圈	0.105	0.024	0.768	0.817
	胶东经济圈	0.033	0.539	0.169	0.032
	鲁南经济圈	0.131	0.054	0.366	0.498
	总区域内差异	0.077	0.381	0.370	0.336

在各经济圈内部差距上，从差距大小看，初期，鲁南经济圈内部差距最大，主要是由于4市在绿色支持力度上差异较大；后期，省会经济圈逐步发展成内部差距最大的经济圈，主要缘于各市在绿色债券发展上的差距较大，济南独占鳌头，绿色债券发展规模显著提升，但其他城市绿色债券发展仍处于探索起步阶段。从差异变化趋势看，胶东经济圈呈先增长后降低趋势，总体有所降低，而鲁南经济圈和省会经济圈呈先降低后增长态势，总体增长显著，这主要是由于胶东经济圈率先发展绿色债券等新型绿色金融产品，以青岛、烟台为增长极，两增长极的极化效应逐渐削弱，扩散效应逐步增强，导致差距呈倒“U”型发展，而鲁南经济圈和省会经济圈仍处于极化发展阶段，导致差距仍呈扩大趋势。从对总体差距的贡献率看，经济圈内差距是总体差异的主要来源，且对总体差异的贡献率显著提高，表明区域内绿色金融发展差距是造成全省绿色金融非均衡发展的主要因素。

在各经济圈间差距上，从各经济圈平均水平看，胶东经济圈绿色金融发展水平始终最高，青岛、烟台绿色金融发展始终位居全省前列，威海、日照、潍坊绿色金融发展也可圈可点；鲁南经济圈绿色金融发展水平初期最低，但随着临沂、济宁在绿色债券、绿色信贷领域的发展，其逐渐赶超省会经济圈。从差距大小及贡献率看，各经济圈间差距呈先显著增长后缓慢降低趋势，对总体差距的贡献率也先升后降。

（二）各地市普惠金融的时序演变特征分析

1. 发展水平演进趋势分析

在位序上（见图5－7），东营始终居山东省首位，主要得益于其在农业保险深度、“三农”金融服务供给等领域始终走在全省前列，在农业保险发展方面，东营不断扩大农业保险覆盖面，优化农业保险险种结构，创新推出特色农业保险产品，农业保险服务保障能力得到进一步提升，同时调动农户发展特色产业的积极性，助推农业产业发展，农业保险深度始终位居全省前列，也推动2010—2022年东营农业发展年均增速居全省第2位；在村镇银行等新型农村金融机构发展上，截至2022年底，东营共有6家村镇银行法人机构，其中东营莱商村镇银行是山东省注册资本最大的村镇银行，坚守支农支小市场定位，通过产品创新、制度创新、服务创新不断提升小微企业服务能力，共有60家村镇银行营业网点，在数量上仅次于济宁和临沂，但东营农村人口规模远低于济宁和临沂，因此东营村镇银行网点覆盖率自2014年赶超青岛后就一直居全省首位。另外，东营在数字普惠金融、小微信贷发展上也位居前列。

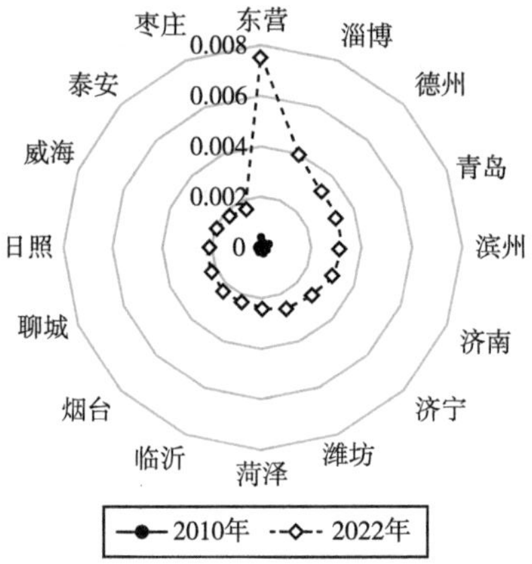

图5-7　2010年、2022年山东省各地市普惠金融测度得分

德州排名提升显著，主要得益于其在“三农”金融服务供给、数字普惠金融领域的快速发展，但值得注意的是，德州数字普惠金融虽取得快速发展，但其发展水平仍居全省下游；菏泽、济宁排名提升也较为显著，分别从第15位和第12位提升至第9位和第7位。日照、潍坊和临沂等城市排名则有一定下降，其中日照排名下降较为严重，从第7位下降至第13位，主要是由于其在农业保险、“三农”金融服务供给等领域发展速度相对较低。

在增速上，菏泽增速最为显著，主要得益于其在数字普惠金融和农业保险深度等领域的快速发展，在农业保险发展上，菏泽不断加大对适度规模经营主体的农业保险支持力度，提升适度规模经营农户防范和应对大灾风险的能力，农业保险深度从居全省倒数第2位提升至全省第3位；在数字普惠金融发展上，菏泽增速居全省首位，但由于初期菏泽数字金融发展基础薄弱，导致其数字普惠金融发展水平始终居全省末位。泰安增速也较为显著，主要得益于其在农业保险和小微信贷等领域的快速发展。相反，青岛增速相对较低，主要是由于其在“三农”金融服务供给和数字普惠金融领域的增速相对较慢，在村镇银行等新型农村金融机构发展上，青岛于2008年成立省内第一家村镇银行—青岛即墨惠民村镇银行股份有限公司，村镇银行覆盖率初期居全省首位，但后续村镇银行网点数量增速有所降低，但值得注意的是，青岛虽增速较低，但在“三农”金融服务供给、数字普惠金融和小微信贷等领域仍居全省前列。

2. 发展差异演进趋势分析

在各地市普惠金融的层级分布上（见表5-13），从首位度看，全省首位度呈先上升后降低趋势，主要是由于淄博相较于东营普惠金融发展速度越发加快；从位序—规模分布特征看，齐普夫指数始终小于1，且始终呈降低趋势，表明各市普惠金融发展的层级分布比较分散，高位序城市普惠金融发展优势不突出，中低层级的城市数量占比较高，且伴随着菏泽、泰安、德州等中小城市的快速发展，金融规模层级分布越发分散化。

表5-13　2010年、2014年、2018年、2022年山东省普惠金融首位度及齐普夫指数

指标	2010年	2014年	2018年	2022年
首位度	1.190	2.153	2.528	1.911
q	0.641	0.518	0.458	0.453

在各地市普惠金融发展的总体差异上，泰尔指数始终趋于降低，表明地市间发展不平衡状况较初期得到有效改善（见表5-14）。

表5-14　2010年、2014年、2018年、2022年山东省及各经济圈普惠金融泰尔指数

指标		2010年	2014年	2018年	2022年
总体差异		0.126	0.113	0.107	0.087
区域间差异		0.018	0.018	0.016	0.022
区域内差异	省会经济圈	0.146	0.162	0.160	0.106
	胶东经济圈	0.062	0.014	0.009	0.017
	鲁南经济圈	0.095	0.058	0.027	0.016
	总区域内差异	0.108	0.095	0.092	0.065

在各经济圈内部差距上，从差距大小看，省会经济圈内部差距始终最大，尤其是小微信贷和数字普惠金融发展上存在显著差异；初期，胶东经济圈内部差距最小，但鲁南经济圈内部差距下降显著，逐渐发展成为内部差距最小的经济圈，尤其是在数字普惠金融和“三农”金融服务供给发展上差距下降显著，主要得益于后进城市菏泽的赶超。从差异变化趋势看，鲁南经济圈始

终呈降低趋势，省会经济圈呈先增长后降低趋势，胶东经济圈则呈先降低后增长趋势，后期的增长主要是由于在加强小额贷款公司监督管理的政策背景下，一些达不到监管标准的小额贷款公司，被地方金融监管部门劝导退出或依法注销，或由于自身运营问题如长期未依照规定公示年度报告、未依法办理歇业、自行停业等，被市场监管部门吊销营业执照，导致除青岛外，其余4市小额贷款公司数量均有所减少，进而导致小微信贷领域的差距后期趋于扩大，且普惠金融其他领域差距降低趋势减缓，导致总体差距呈上升趋势。从对总体差距的贡献率看，经济圈内差距是总体差异的主要来源，但对总体差异的贡献率呈降低趋势。

在各经济圈间差距上，从各经济圈平均水平看，初期胶东经济圈普惠金融发展水平最高，青岛、潍坊普惠金融发展位居全省前列，但随着省会经济圈泰安、德州、滨州等城市的快速发展，其逐渐赶超胶东经济圈，且比较优势越发凸显；鲁南经济圈普惠金融发展水平则始终最低，但随着菏泽、济宁的快速发展，和胶东经济圈的差距显著减小。从差距大小及贡献率看，各经济圈间差距呈增长趋势，对总体差距的贡献率亦增加，表明区域间差距对全省普惠金融均衡发展的制约作用越发凸显。

（三）各地市产业金融的时序演变特征分析

1. 发展水平演进趋势分析

在位序上（见图5-8），前3位非常稳定，其中济南始终居山东省首位，在全省供应链金融、商业保理等产业金融领域发展上发挥引领示范作用，青岛2010年和济南并列第1位，但后期发展速度不及济南，也进而导致济南首位优势越发凸显，烟台则始终居第3位；其他城市排名变化则较大，初期由于大部分城市在产业金融发展上仍处于探索阶段，导致大部分城市产业金融发展水平较为一致，但后期菏泽、淄博、潍坊等部分城市异军突起，与其他城市间的差距显著拉大，导致各城市排名差异增加。

在增速上，菏泽增速相对较高，2016年成立第一家商业保理公司，2021年成立第一家企业集团财务公司，在产业金融发展上不断提速；淄博、潍坊增速也相对较高，主要得益于2市在商业保理等领域的快速发展；德州、威海增速

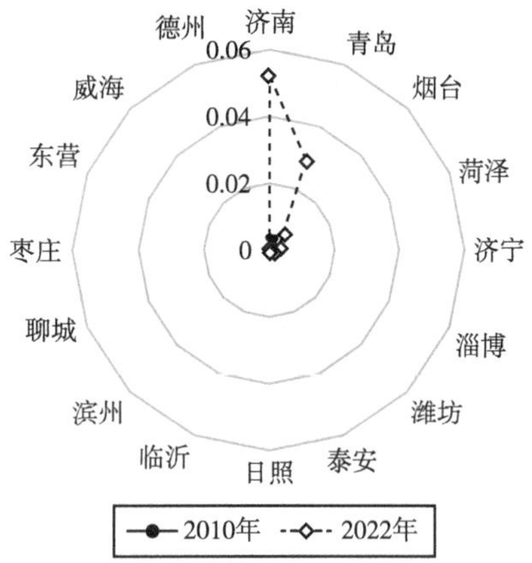

图 5-8　2010 年、2022 年山东省各地市产业金融测度得分

则相对降低，其中德州在商业保理公司和企业集团财务公司上始终属于空白，威海则曾取得短暂发展，于 2014 年设立第一家商业保理营业网点——大秦商业保理有限公司威海分公司，2015 年新增第二家营业网点——深圳前海道胜国际商业保理有限公司威海分公司，但两家公司分别于 2021 年和 2019 年停止运营，截至 2022 年底无新增商业保理营业网点；东营、枣庄增速也相对较慢。

2. 发展差异演进趋势分析

在各地市产业金融的层级分布上（见表 5-15），从首位度看，全省首位度呈增长趋势，济南在产业金融领域的首位优势越发凸显；从位序—规模分布特征看，初期层级结构较为简单，济南、青岛并列第 1 位，烟台、济宁并列第 3 位，其他城市在商业保理公司和企业集团财务公司上均属空白，但后期这些城市在产业金融发展上的速度差异不断凸显，中等级城市开始出现并不断增多，推动层级结构越发完整，齐普夫指数也趋于降低，但始终大于 1。

表 5-15　2010 年、2014 年、2018 年、2022 年山东省产业金融首位度及齐普夫指数

指标	2010 年	2014 年	2018 年	2022 年
首位度	1.000	1.704	1.369	1.785
q	4.099	4.362	2.644	3.137

在各地市产业金融发展的总体差异上，泰尔指数变化极小，表明地市间发展不平衡状况较初期未得到有效改善（见表 5-16）。

表 5-16　2010 年、2014 年、2018 年、2022 年山东省及各经济圈产业金融泰尔指数

指标		2010 年	2014 年	2018 年	2022 年
总体差异		1.450	1.534	1.350	1.449
区域间差异		0.078	0.077	0.145	0.116
区域内差异	省会经济圈	1.946	1.946	1.696	1.681
	胶东经济圈	0.980	0.974	0.794	0.985
	鲁南经济圈	1.386	0.770	0.205	0.362
	总区域内差异	1.372	1.457	1.205	1.334

在各经济圈内部差距上，从差距大小看，省会经济圈内部差距始终最大，济南首位优势突出，高居全省首位，第 2 位城市淄博近年来产业金融也开始发力，但 2022 年仍仅居全省第 6 位，东营、德州产业金融发展水平显著低于平均水平；胶东经济圈初期内部差距最小，但随着鲁南经济圈内部差距的显著降低，鲁南经济圈逐渐发展成为内部差距最小的经济圈。从差异变化趋势看，省会经济圈内部差距不断降低，而鲁南经济圈和胶东经济圈则均呈先降低后增长趋势，主要是缘于在商业保理公司和企业集团财务公司从严监管导向下，两经济圈中部分城市商业保理公司和企业集团财务公司不增反降，导致差异的扩大。从对总体差距的贡献率看，经济圈内差距始终数量是总体差异的主要来源，虽贡献率略有降低，但始终高达 90% 以上。

在各经济圈间差距上，从各经济圈平均水平看，初期胶东经济圈产业金融发展水平最高，青岛、烟台产业金融发展水平始终位居全省前列，但后期威海、日照产业金融发展乏力，而省会经济圈淄博、泰安等城市则逐渐发力，导致其逐渐赶超胶东经济圈；鲁南经济圈普惠金融发展水平则始终最低，且由于后期枣庄、临沂产业金融发展乏力，和另外两个经济圈的差距越发显著。从差距大小及贡献率看，各经济圈间差距呈增长趋势，对总体差距的贡献率也增加，表明区域间差距对全省产业金融均衡发展的制约作用越发凸显。

（四）各地市科技金融的时序演变特征分析

1. 发展水平演进趋势分析

在位序上（见图 5-9），前 3 位较为稳定，其中青岛科技金融发展水平始终居全省首位，在科技金融的科技支撑要素发展、科技企业资本市场服务

水平等领域发挥示范引领作用；济南 2010 年居第 2 位，但由于 2010—2014 年，其创业板上市企业数量增长一度陷入停滞，导致其排名有所下滑，但 2014 年后其科技企业资本市场服务水平显著提升，科创板和创业板上市企业总数逐渐赶超淄博、潍坊和烟台，科技金融发展总体水平也逐渐跃居第 2 位，且与青岛的差距逐渐缩小；烟台则一般居第 3 位，且近年来与济南的差距趋于扩大。德州排名提升显著，从全省末位不断提升至全省第 8 位；淄博、潍坊和滨州排名提升也较为显著，均提升 4 个位次，其中淄博和潍坊已跻身全省前 5。聊城排名显著下降，从全省第 5 位降至全省第 13 位；泰安、日照和临沂排名下降也较为显著。

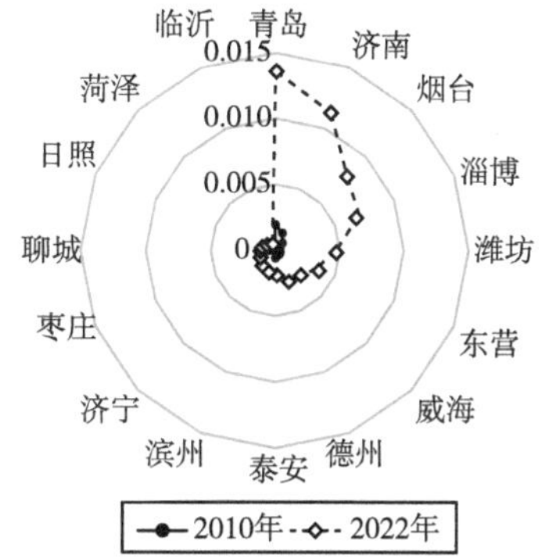

图 5－9　2010 年、2022 年山东省各地市科技金融测度得分

在增速上，德州和潍坊增速最为显著，其中德州实施“资本市场突破”工程，引导企业根据自身实际精准匹配融资渠道，不断健全涵盖主板、创业板、新三板、区域性股权市场等在内的多层次资本市场体系，自 2011 年迎来第一家创业板上市公司通裕重工后，德州企业在创业板、科创板市场发展上更加活跃，截至 2022 年共拥有 4 家创业板和科创板上市公司，另外对科技金融发展的政策支持力度也不断增强；淄博、滨州和济宁增速也较为显著。聊城和泰安增速则相对较低，其中聊城继 2010 年阳谷华泰创业板上市后，在创业板和科创板市场发展上陷入停滞，12 年间始终无新增创业板和科创板上市公司，另外，其在科技金融的科技支撑要素发展上也相对较慢。

2. 发展差异演进趋势分析

在各地市科技金融的层级分布上（见表 5－17），从首位度看，全省首位度呈先增长后降低趋势，且总体上趋于降低，表明在第2位城市济南的逐渐追赶下，青岛市首位优势地位逐渐降低；从位序—规模分布特征看，齐普夫指数呈先降低后增长趋势，总体上趋于降低，但始终大于1，表明山东各地市科技金融发展水平规模分布比较集中，青岛、济南等高位序城市发展较突出，而中低位序城市发展不足。

表5－17　2010年、2014年、2018年、2022年山东省科技金融首位度及齐普夫指数

指标	2010年	2014年	2018年	2022年
首位度	1.381	1.558	1.328	1.204
q	1.290	1.266	1.184	1.194

在各地市科技金融发展的总体差异上，泰尔指数呈先降低后增长趋势，但总体上仍趋于降低，表明地市间发展不平衡状况较初期得到一定改善（见表5－18）。

表5－18　2010年、2014年、2018年、2022年山东省及各经济圈科技金融泰尔指数

指标		2010年	2014年	2018年	2022年
总体差异		0.503	0.414	0.385	0.420
区域间差异		0.146	0.206	0.151	0.140
区域内差异	省会经济圈	0.320	0.172	0.271	0.318
	胶东经济圈	0.438	0.248	0.223	0.273
	鲁南经济圈	0.003	0.043	0.070	0.043
	总区域内差异	0.357	0.208	0.235	0.279

在各经济圈内部差距上，从差距大小看，胶东经济圈初期差距最大，青岛科技金融发展水平远超其他4市，导致经济圈内部差距较大，但随着烟台、潍坊2市的发展，内部差距较初期有一定降低，而省会经济圈则逐渐发展成为内部差距最大的经济圈，主要是缘于2014年以后，济南增速逐渐加快，首位优势越发凸显，而聊城、泰安等市科技金融发展相对较慢，导致内部差距逐渐增大；鲁南经济圈始终是内部差距最小的经济圈。从差异变化趋势看，省会经济圈和胶东经济圈均呈先降低后增长趋势，且前者增长趋势出现更早，而鲁南经济圈内部差距呈先增长后降低趋势，初期4市低水平的均衡状态逐渐被打破，但各市发展速度波动较大，导致首位城市变化频繁，缺乏能够示

范引领经济圈科技金融更高质量发展的中心城市。从对总体差距的贡献率看，经济圈内差距始终是总体差异的主要来源，但贡献率略有降低。

在各经济圈间差距上，从各经济圈平均水平看，胶东经济圈科技金融发展水平始终最高，青岛、烟台科技金融发展始终处于全省前列，潍坊科技金融发展水平也提升至全省前列；鲁南经济圈科技金融发展水平则始终最低，但随着圈内各市尤其是济宁、枣庄的快速发展，其与省会经济圈和胶东经济圈的差距略有降低，但差距仍然较为显著，尤其是在科技企业及其资本市场服务水平上差距尤为显著。从差距大小及贡献率看，各经济圈间差距呈先增长后降低趋势，对总体差距的贡献率也先升后降。

（五）各地市金融支持经济高质量发展能力的时序演变特征分析

1. 发展水平演进趋势分析

在位序上（见图 5－10），青岛初期占据全省首位，但伴随着济南在绿色金融和科技领域的追赶，青岛逐渐退居第 2 位，济南则逐渐跃居全省首位，且相比青岛的比较优势越发凸显；烟台则居全省第 3 位，在产业金融和科技金融领域居全省前列，但在普惠金融和绿色金融领域处于全省中游；淄博、潍坊、临沂和菏泽排名提升较为显著，分别提升至全省第 4 位、第 7 位、第 8 位和第 11 位，泰安、聊城排名则显著降低。

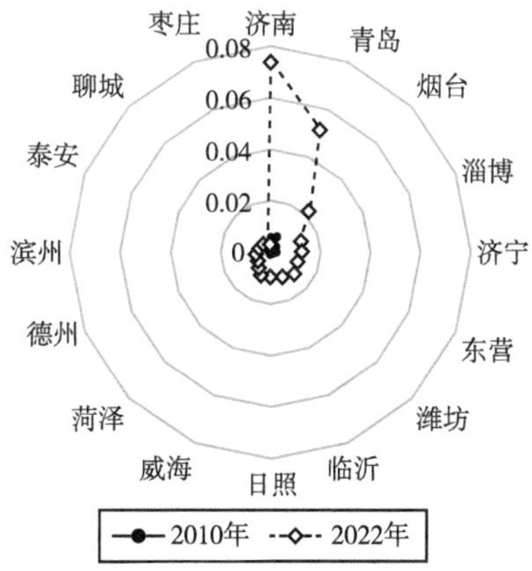

图 5－10　2010 年、2022 年山东省各地市金融支持经济高质量发展能力测度得分

在增速上，菏泽和临沂增速最为显著，其中菏泽主要得益于在普惠金融和产业金融领域的快速发展，临沂则主要得益于在绿色金融领域的快速发展；聊城、泰安和济宁增速相对较低，其中济宁主要是缘于在产业金融领域增速相对较低，泰安主要是缘于在绿色金融和科技金融领域增速较低，聊城则是缘于在科技金融领域增速较低。

2. 发展差异演进趋势分析

在各地市金融支持经济发展能力的层级分布上（见表5－19），从首位度看，全省首位度增长趋势越发显著，显示出济南金融支持经济高质量发展能力的比较优势越发凸显；从位序—规模分布特征看，齐普夫指数呈降低趋势，从1.236降至1.047，越发接近1，表明山东各地市金融支持经济高质量发展能力的规模分布渐趋分散，越发接近规模分布的理想状态，即分布相对均匀，等级结构较为齐全。

表5－19　2010年、2014年、2018年、2022年山东省金融支持经济高质量发展能力首位度及齐普夫指数

指标	2010年	2014年	2018年	2022年
首位度	1.121	1.136	1.221	1.435
q	1.236	1.091	1.110	1.047

在各地市金融支持经济发展能力的总体差异上，泰尔指数波动较大，但总体上仍趋于降低，表明地市间发展不平衡状况较初期得到一定改善（见表5－20）。

表5－20　2010年、2014年、2018年、2022年山东省及各经济圈金融支持经济高质量发展能力泰尔指数

指标		2010年	2014年	2018年	2022年
总体差异		0.547	0.473	0.530	0.468
区域间差异		0.070	0.092	0.082	0.049
区域内差异	省会经济圈	0.527	0.458	0.729	0.639
	胶东经济圈	0.438	0.365	0.262	0.265
	鲁南经济圈	0.459	0.144	0.076	0.099
	总区域内差异	0.477	0.382	0.448	0.419

在各经济圈内部差距上，从差距大小看，省会经济圈内部差距始终最大，济南首位优势显著，首位度虽略有降低，但始终大于4，淄博、东营发展水平处于全省中上游，德州、滨州、泰安和聊城发展水平则处于全省下游；初期，胶东经济圈内部差距最小，但由于其内部差距降低趋势小于鲁南经济圈，导致鲁南经济圈逐渐发展成为内部差距最小的经济圈，首位度从2010年的4.97降至2022年的1.22，济宁首位优势显著降低。从差异变化趋势看，鲁南经济圈和胶东经济圈总体均呈降低趋势，省会经济圈内部差距则呈增长态势，主要是缘于其绿色金融发展的内部差距扩大趋势显著。从对总体差距的贡献率看，经济圈内差距始终是总体差异的主要来源，且贡献率略有增加。

在各经济圈间差距上，从各经济圈平均水平看，胶东经济圈金融支持经济发展能力始终居首位，在绿色金融和科技金融领域始终处于领先地位，但在产业金融和普惠金融领域的领先优势被省会经济圈赶超；鲁南经济圈金融支持经济发展能力则始终居于末位，但凭借在普惠金融和绿色金融领域的快速发展，其与胶东经济圈的差距趋于降低，但与省会经济圈的差距趋于扩大。从差距大小及贡献率看，各经济圈间差距呈降低趋势，对总体差距的贡献率也下降。

三、金融高质量发展水平的时序演变特征

（一）发展水平演进趋势分析

在位序上（见图5－11），前3位最为稳定，其中青岛始终占据全省首位，但随着济南在金融保障、绿色金融等领域的追赶，其首位优势逐渐降低，而烟台则始终居第3位，与青岛、济南2市有一定差距；淄博、潍坊、济宁和威海排名略有波动，但始终占据第4位～第7位；临沂、东营、日照、德州和菏泽位次有一定提升，2022年分别占据第8位～第12位；滨州、泰安、聊城和枣庄位次有一定降低，2022年分别占据第13位～第16位。

在增速上，菏泽增速最为显著，其中菏泽主要得益于在金融规模、普惠金融及产业金融等领域的快速发展，日照、德州和济南增速也较为显著；聊

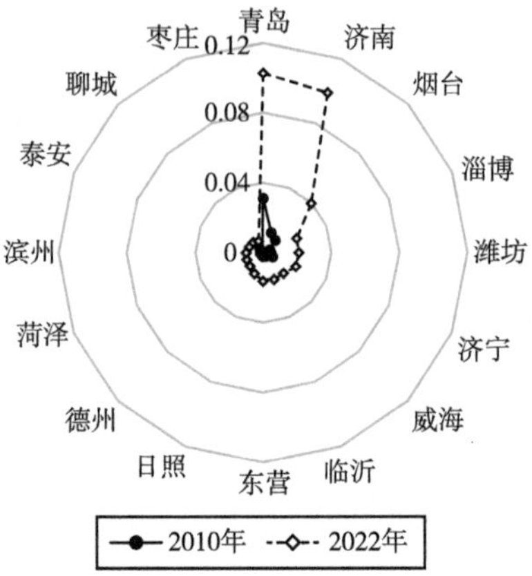

图 5－11　2010 年、2022 年山东省各地市金融高质量发展水平测度得分

城、青岛和济宁增速则相对较低，其中聊城增速最低，主要缘于其在科技金融、金融结构和金融保障等领域增速较低。

（二）发展差异演进趋势分析

在各地市金融高质量发展水平的层级分布上（见表 5－21），从首位度看，全省首位度持续下降，首位度于 2022 年降低至 1.040，显示出青岛金融高质量发展水平相较于济南的比较优势不断降低的过程；从位序—规模分布特征看，齐普夫指数逐渐降低，2022 年降低至 0.990，越发接近 1，表明山东各地市金融高质量发展的规模分布渐趋分散，越发接近规模分布的理想状态，即分布相对均匀，等级结构较为齐全。

表 5－21　2010 年、2014 年、2018 年、2022 年山东省金融高质量发展水平首位度及齐普夫指数

指标	2010 年	2014 年	2018 年	2022 年
首位度	2.517	2.229	1.303	1.040
q	1.240	1.145	1.047	0.990

在各地市金融高质量发展水平的总体差异上，泰尔指数始终呈降低趋势，表明地市间发展不平衡状况较初期得到有效改善（见表 5－22）。

表 5－22　2010 年、2014 年、2018 年、2022 年山东省及各经济圈金融高质量发展水平泰尔指数

指标		2010 年	2014 年	2018 年	2022 年
总体差异		0.593	0.558	0.495	0.429
区域间差异		0.158	0.149	0.106	0.065
区域内差异	省会经济圈	0.342	0.355	0.550	0.513
	胶东经济圈	0.505	0.483	0.342	0.312
	鲁南经济圈	0.322	0.186	0.051	0.077
	总区域内差异	0.434	0.409	0.389	0.364

在各经济圈内部差距上，从差距大小看，初期胶东经济圈内部差距最大，主要是缘于其在金融保障、金融结构和科技金融发展上内部差距较大，但随着其内部差距的逐渐降低及省会经济圈内部差距的扩大，导致省会经济圈于2018 年逐渐发展成为内部差距最大的经济圈；鲁南经济圈内部差距则始终最小。从差异变化趋势看，胶东经济圈始终呈降低趋势，省会经济圈呈先增长后降低态势，而鲁南经济圈则呈现先降低后增长态势，主要是由于 3 个经济圈金融高质量发展阶段不同，胶东经济圈核心城市的辐射带动作用最早显露，带来内部差距的逐渐降低，省会经济圈则从极化阶段逐渐迈入扩散发展阶段，而鲁南经济圈则从离散发展阶段逐渐迈入极化阶段，中心城市发展优势不断凸显。从对总体差距的贡献率看，经济圈内差距始终是总体差异的主要来源，且贡献率持续增加。

在各经济圈间差距上，从各经济圈平均水平看，胶东经济圈金融高质量发展水平始终居首位，在金融规模、金融保障、绿色金融及科技金融领域的领先地位较为凸显；鲁南经济圈金融高质量发展水平则始终居于末位，但凭借在金融结构、普惠金融和绿色金融领域的快速发展，其与胶东经济圈的差距趋于降低，但由于在金融保障与产业金融领域与省会经济圈的差距显著扩大，导致其金融高质量发展水平与省会经济圈的差距趋于扩大。从差距大小及贡献率看，各经济圈间差距呈降低趋势，对总体差距的贡献率也下降。

第二节　山东省金融高质量发展的空间演变特征

一、金融自身发展能力的空间演变特征

（一）各地市金融规模的空间演变特征分析

1. 空间分布格局演变趋势分析

根据金融规模测度结果，利用 ArcGIS 的自然间断点分级法将各年份城市金融规模发展水平分为 5 个等级（见图 5－12）。

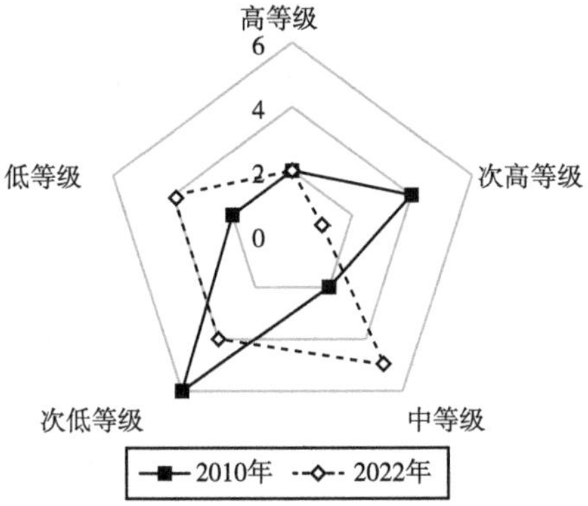

图 5－12　2010 年、2022 年山东省各地市金融规模分级示意

在各等级数量上，高水平等级城市数量最为稳定，始终仅济南和青岛 2 市，极化效应较为突出；次高等级城市则从 4 个不断减少至 1 个，除烟台外，淄博、潍坊和济宁均降为中等级，导致中等级城市随之增多，从仅有临沂、威海 2 个城市增加至 5 个城市；次低等级城市数量有所减少，滨州、东营、枣庄 3 市逐渐退至低等级，而菏泽则从低等级提升至次低等级。

在各等级分布上，存在显著空间差异。东西方向“东高西低”空间分异态势显著，是空间分异的主要方向，青岛、烟台等东部沿海城市金融规模水

平较高，而菏泽、聊城、德州等鲁西地区金融规模水平较低，但随着菏泽、德州金融规模的快速发展，东西方向上的发展差距有所减小；南北方向“中部高、两端低”空间分异特征突出，鲁中的济南、淄博金融规模水平较高，但鲁南的菏泽、枣庄、日照及鲁北的滨州、东营金融规模水平较低，尤其是滨州、东营金融规模增速不高，逐渐从次低等级降至低等级。

在各等级空间关联特征上，各年份全局 Moran's I 值均小于 0，均未通过显著性检验，且和零值越发接近，表明山东省金融规模分布空间关联性较弱。

2. 空间分布方向性演变趋势分析

在空间分布的主要方向上（见表 5－23），方位角始终在 79°左右，变化较小，与济南—威海中心城区连线走向较为一致；在方向性和向心力上，扁率先降低后增加，总体上仍有所降低，短轴长度总体上增加趋势，表明随着南北方向上金融规模的增长，山东省金融规模分布的方向性有所减弱，向心力趋于减弱，总体呈现出空间发散趋势；在主要分布范围上，标准差椭圆基本覆盖了济南、青岛、淄博、潍坊和烟台等市，覆盖范围有所扩张，且主要是向西扩展，表明山东省金融资源的扩散效应在不断凸显。

表 5－23　　金融规模标准差椭圆分析参数

年份	长半轴（km）	短半轴（km）	方位角（°）	重心（°）
2010	211.704	81.684	78.974	118.691，36.532
2014	210.130	90.233	79.800	118.639，36.519
2018	218.568	95.169	79.050	118.542，36.468
2022	219.829	91.865	79.230	118.651，36.484

注：采用 CGCS2000 坐标系这一中国现行使用的大地坐标系，在 ArcGIS 中计算重心坐标和几何中心坐标。

在空间分布重心上，分布重心始终位于潍坊市临朐县，较山东省几何中心偏东偏北，且向东偏移更为显著，再次印证山东省金融规模发展“东强西弱”的格局；在重心移动趋势上，2010—2018 年重心向西南方向移动，但 2018—2022 年，重心向东北方向移动，整体仍向西南方向移动，但重心移动距离较近，未发生跨区域的范围波动，表明 2010—2022 年，菏泽、日照、临沂等位于重心以西、以南地区的城市金融规模增长速度较快，但对山东省金融规模总体发展影响仍有限。

（二）各地市金融结构的空间演变特征分析

1. 空间分布格局演变趋势分析

根据金融结构测度结果，利用 ArcGIS 的自然间断点分级法将各年份城市金融结构发展水平分为 5 个等级（见图 5－13）。

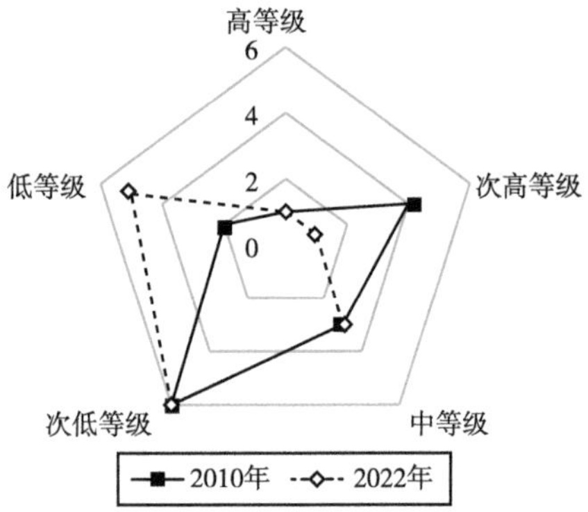

图 5－13　2010 年、2022 年山东省各地市金融结构分级示意

在各等级数量上，高等级城市最为稳定，始终仅青岛 1 个城市，虽首位优势呈下降趋势，但首位度仍大于 2，发挥山东省金融结构改革创新的引领示范作用；次高等级城市数量波动大，但整体呈下降趋势，其中济宁、潍坊和淄博、烟台相继退出次高等级行列，而济南则从中等级提升至次高等级；中等级和次低等级城市数量相对较为稳定，但空间分布格局变化显著，总体上呈现由西向东、由北向南转移的态势；低等级城市数量则显著增加，且进一步向鲁西地区集聚。

在各等级分布上，呈现显著空间差异。和金融规模空间分布格局较为相似，东西方向“东高西低”空间分异态势显著，不同的是由于聊城、滨州等地市金融结构优化调整速度较慢，逐渐由中等级或次低等级降至低等级，东西方向上的发展差距未有效缓解；南北方向上则逐渐从“中部高、两端低”向“中高北低、南部居中”转变，临沂、枣庄等鲁南各市金融结构优化调整速度快于鲁北各市。

在各等级空间关联特征上，各年份全局 Moran's I 值呈先增长后降低趋势，越发接近零值，且均未通过显著性检验，表明山东省金融结构分布空间关联性较弱。

2. 空间分布方向性演变趋势分析

在空间分布的主要方向上（见表5－24），方位角和金融规模较为相似，在78°～81°波动；在方向性和向心力上，与金融规模也较为相似，扁率趋于降低，短轴长度增加，但扁率相对较小，短轴长度相对较长，表明山东省金融结构分布的方向性较金融规模更弱，空间发散趋势更显著；在主要分布范围上，覆盖范围较为一致，但覆盖范围更大，显著向南伸展，覆盖范围随时间变化也有所扩张，但主要是向南扩展，表明山东省金融结构向南方向的扩散效应不断凸显。

表5－24　金融结构标准差椭圆分析参数

年份	长半轴（km）	短半轴（km）	方位角（°）	重心（°）
2010	224.811	90.754	79.800	118.645，36.489
2014	212.041	97.118	81.247	118.689，36.509
2018	222.652	105.777	78.231	118.637，36.404
2022	216.518	106.544	78.527	118.581，36.384

在空间分布重心上，分布重心和金融规模较为一致，始终位于潍坊市临朐县，较山东省几何中心偏东偏北，印证山东省金融结构发展“东强西弱”的格局，但相较金融规模略偏南，表明鲁南各市相较于鲁北各市在金融结构上的比较优势更为凸显；在重心移动趋势上，2010—2014年重心向东北方向移动，但2014—2022年重心向西南方向移动，整体表现为向西南方向移动，重心虽未发生跨区域的波动，但移动距离相较金融规模略远，表明2010—2022年，枣庄、临沂、菏泽等位于重心西南部的城市对山东省金融结构总体发展影响略强于金融规模。

（三）各地市金融功能的空间演变特征分析

1. 空间分布格局演变趋势分析

根据金融功能测度结果，利用ArcGIS的自然间断点分级法将各年份城市金融功能发展水平分为5个等级（见图5－14）。

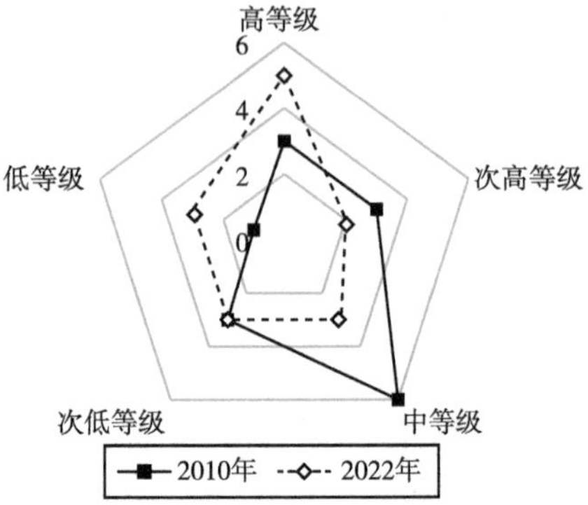

图 5-14　2010 年、2022 年山东省各地市金融功能分级示意

在各等级数量上，各等级城市数量均有一定波动，其中高等级城市数量呈波动增长趋势，从 2010 年的 3 个增长至 5 个，济宁、潍坊相继退出高等级行列，仅济南始终保持高等级行列优势，烟台、青岛、淄博和威海则逐渐迈入高等级行列；次高等级城市数量从 3 个降至 2 个，虽数量变化不大，但分布格局变化显著，烟台、青岛、淄博等原次高等级城市均跃升至高等级，而济宁、潍坊等原高等级城市则退至次高等级；中等级城市数量呈波动降低趋势，威海跻身至高等级，而临沂、日照、菏泽和滨州则逐渐退至次低或低等级；次低等级城市数量虽有波动，但总体较为稳定，低等级城市则由 1 个逐步增加至 3 个。

在各等级分布上，呈现显著空间差异。初期，东西方向上“东高西低”空间分异态势较金融规模、金融结构等维度相对不显著，但随着烟台、青岛及威海跃至高等级，这一分异态势越发凸显；南北方向上“中部高、两端低”态势始终较为显著，鲁南和鲁北各市金融功能平均发展速度相差不大。

在各等级的空间关联特征上，全局 Moran's I 值从 2010 年的 -0.344 逐渐增加至 0.101，且 2010 年的 Moran's I 值通过了 0.1 的显著性检验，表明山东省金融功能分布从显著空间负相关逐渐转变为正相关，空间关联性和集聚性有一定增强。

2. 空间分布方向性演变趋势分析

在空间分布的主要方向上（见表 5-25），方位角和金融规模、金融结构等维度较为相似，在 77°~78°波动；在方向性和向心力上，与金融规模维度有一定相似，扁率呈先降低后增长趋势，短轴长度呈增加趋势，但不同的是，扁率偏小，且总体下降趋势不显著，短轴长度相对较长，表明山东省金融功能分布的方向性和向心力较金融规模更弱，但空间方向性未发生明显减弱；在主要分布范围上，覆盖范围较为一致，但覆盖范围较金融规模、金融结构等维度更大，显著向西伸展，覆盖范围随时间变化也有所扩张，但主要是向东扩展，表明山东省金融功能向东方向的扩散效应显著。

表 5－25　　金融功能标准差椭圆分析参数

年份	长半轴（km）	短半轴（km）	方位角（°）	重心（°）
2010	217.352	97.281	76.731	118.248，36.399
2014	204.270	106.350	77.488	118.308，36.441
2018	225.646	109.636	77.209	118.340，36.431
2022	235.508	107.149	77.376	118.451，36.466

在空间分布重心上，分布重心和金融规模等维度较为一致，始终位于潍坊市临朐县，较山东省几何中心偏东偏北，印证山东省金融功能发展“东强西弱”的格局，但相较金融规模、金融结构等维度明显偏西，表明鲁西各市相较于东部沿海各市在金融功能上的比较劣势相对较小；在重心移动趋势上，2010—2014 年、2018—2022 年重心向东北方向移动，2014—2018 年重心向东南方向移动，整体表现为向东北方向移动，尤其是向东偏移态势显著，重心虽未发生跨区域的波动，但移动距离较金融规模、金融结构等维度更长，表明 2010—2022 年，沿海各市金融功能发展对全省的拉动作用不断增强。

（四）各地市金融保障的空间演变特征分析

1. 空间分布格局演变趋势分析

根据金融保障测度结果，利用 ArcGIS 的自然间断点分级法将各年份城市金融保障发展水平分为 5 个等级（见图 5－15）。

在各等级数量上，高等级城市数量较为稳定，始终仅青岛 1 个城市，虽首位优势呈下降趋势，但首位度仍大于 3，金融保障要素建设示范引领地位突出；次高等级城市数量略有增多，从烟台增加至烟台、济南 2 市；中等级城市数量则显著增加，威海、潍坊、淄博和济宁等次低等级城市蓄势崛起，

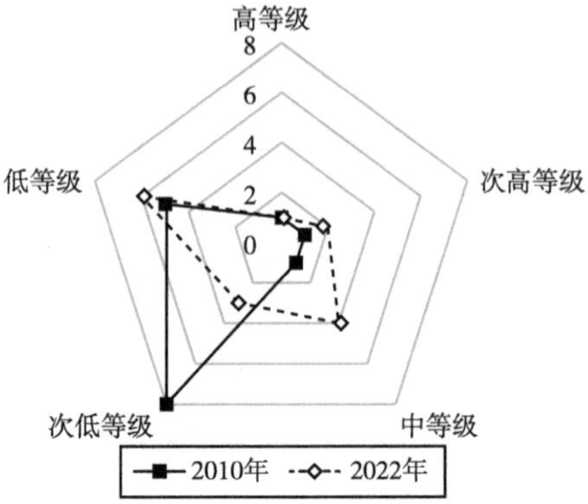

图 5－15　2010 年、2022 年山东省各地市金融保障分级示意

陆续跻身至中等级城市；次低等级城市数量则随之显著减少，除威海等 4 市等级跃升外，聊城则发生等级倒退；低等级城市除增加聊城外，日照、枣庄、菏泽、泰安和德州 5 个城市则始终处于低等级，马太效应较为凸显。

在各等级分布上，呈现显著空间差异。东西方向上，“东高西低”空间分异态势显著，南北方向上，初期“中部高、两端低”态势相较金融规模、金融结构等其他维度不太明显，但随着济南、淄博等级的跃升，这一分异态势不断凸显。

在各等级空间关联特征上（见表 5－26），全局 Moran's I 值波动较大，从 2010 年的 0.017 波动降低至 0.003，且 2010 年的 Moran's I 值通过了 0.1 的显著性检验，表明山东省金融保障分布从显著空间正相关逐渐转变为随机分布，空间关联性和集聚性减弱。

表 5－26　山东省各地市金融保障发展水平全局自相关分析

年份	Moran's I 值	Z 值	P 值
2010	0.017	1.436	0.086
2014	－0.004	1.074	0.136
2018	0.014	1.147	0.108
2022	0.003	0.775	0.186

2. 空间分布方向性演变趋势分析

在空间分布的主要方向上（见表 5－27），方位角和金融规模、金融结构等维度相比较大，顺时针偏移约5°，表明山东省金融保障分布的主趋势方向更接近东西向，南北两侧金融保障发展对全省的拉动作用均较弱；在方向性和向心力上，与金融规模等其他维度不同，扁率总体呈增长趋势，并逐渐赶超其他维度，短轴长度相对较短，虽呈增加趋势，但增长幅度相对较小，表明山东省金融保障分布的方向性不断增强，向心力有一定减弱，但仍较强，导致空间集聚程度增强；在主要分布范围上，与其他维度相比覆盖面积显著偏小，且显著向东偏移，覆盖范围随时间变化也有所扩张，但主要是向西扩展，表明金融保障空间分布更集中，东西差异态势也更为显著，但随着济宁、德州等西部城市金融保障的发展，这一态势有所缓解。

表5－27　　金融保障标准差椭圆分析参数

年份	长半轴（km）	短半轴（km）	方位角（°）	重心（°）
2010	140.568	58.570	81.148	119.828，36.544
2014	168.705	58.785	78.342	119.693，36.509
2018	165.780	59.322	83.590	119.679，36.575
2022	183.004	65.616	83.240	119.446，36.573

在空间分布重心上，分布重心和金融规模等维度相比偏东偏北，尤其偏东态势显著，表明鲁西各市相较于东部沿海各市在金融保障上的比较劣势更为凸显；在重心移动趋势上，2010—2014年、2018—2022年重心向西南方向移动，2014—2018年重心向西北方向移动，整体表现为向西北方向移动，尤其是向西偏移态势显著，导致重心移动距离较长，发生跨区域的波动，从潍坊的高密向西移动到昌邑，表明2010—2022年山东省金融保障向鲁西地区的扩散效应开始不断凸显，一定程度上缓解了东西差距。

（五）各地市金融自身发展能力的空间演变特征分析

1. 空间分布格局演变趋势分析

根据各地市金融自身发展能力测度结果，利用ArcGIS的自然间断点分级法将各年份城市金融自身发展质量分为5个等级（见图5－16）。

在各等级数量上，高等级和次高等级城市数量较为稳定，其中高等级城市始终仅青岛1个城市，虽首位优势呈下降趋势，但首位度仍大于2，次高

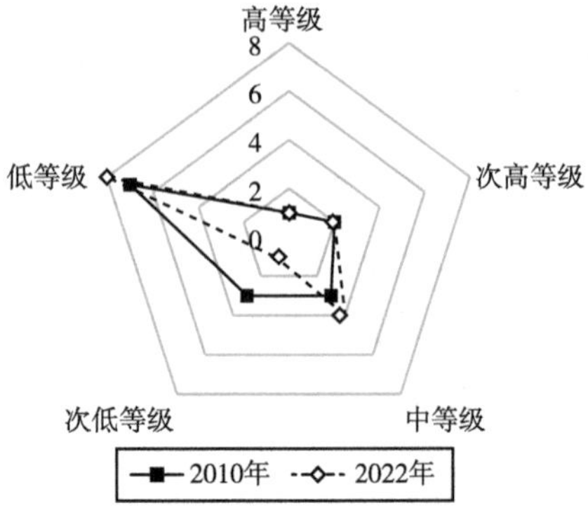

图 5－16　2010 年、2022 年山东省各地市金融自身发展能力分级示意

等级城市则始终为济南与烟台；中等级城市数量从 3 个增加至 4 个，除原有的潍坊、淄博和济宁外，威海凭借在金融保障和金融功能领域的快速增长，逐渐跻身至中等级行列；次低等级城市数量减少至 1 个，而低等级城市数量则增加至 8 个，表明山东省金融自身质量低等级城市最多。

在各等级分布上，呈现显著空间差异。东西方向上，“东高西低”空间分异态势显著；南北方向上，“中部高、两端低”分异态势不断凸显。

在各等级空间关联特征上，全局 Moran's I 值在波动中趋于减小，从正值降至负值，但始终和零值较为接近，表明山东省各市金融自身发展质量分布呈现出一定随机分布，空间关联性和集聚性较弱。

2. 空间分布方向性演变趋势分析

在空间分布的主要方向上（见表 5－28），方位角约 80°，且变化较小，和金融规模、金融结构、金融功能等维度相比略大，和金融保障维度相比则略小；在方向性和向心力上，初期扁率大于金融规模等各个维度，但由于其呈降低趋势，导致其逐渐小于金融保障这一维度，短轴长度仅大于金融保障这一维度，但呈增长趋势，表明由于叠加效应，山东省各地市金融自身发展质量的综合水平初期方向性强于各个维度，但方向性有所减弱，向心力仅低于金融保障这一维度，但有一定减弱；在主要分布范围上，覆盖范围仅大于金融保障这一维度，覆盖范围随时间变化也有所扩张，且主要是向西扩展，东西方向上的分异态势有所缓解。

表 5－28 金融自身发展能力标准差椭圆分析参数

年份	长半轴（km）	短半轴（km）	方位角（°）	重心（°）
2010	204.075	78.460	80.591	119.116，36.510
2014	201.625	80.203	80.526	119.163，36.504
2018	210.804	85.555	80.694	119.052，36.504
2022	214.937	88.775	80.180	118.905，36.498

在空间分布重心上，初期分布重心和金融规模维度相比偏东偏南，和金融结构、金融功能维度相比偏东偏北，和金融保障维度相比偏西偏南，但随着各维度重心的移动，在 2022 年除较金融保障维度仍偏西偏南外，较其余维度均偏东偏北；在重心移动距离上，南北向移动距离较短，东西方向移动距离较长，表明 2010—2022 年随着枣庄、菏泽、德州等城市金融自身发展质量的较快提升，山东省金融自身发展水平在东西方向上的分异态势有所缓解，但南北方向上差距缓解较小。

二、金融支持经济高质量发展能力的空间演变特征

（一）各地市绿色金融的空间演变特征分析

1. 空间分布格局演变趋势分析

根据绿色金融测度结果，利用 ArcGIS 的自然间断点分级法将各年份城市绿色金融发展水平分为 5 个等级（见图 5－17）。

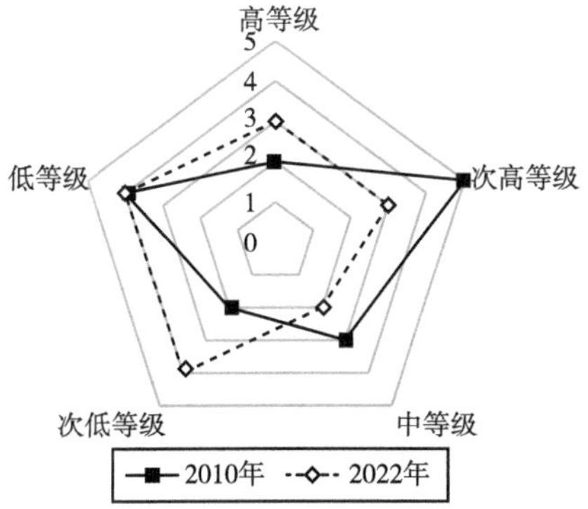

图 5－17 2010 年、2022 年山东省各地市绿色金融分级示意

在各等级数量上，高等级城市数量略有增多，烟台凭借在绿色债券等领域的快速发展，逐渐跻身高等级行列；次高等级城市数量从5个减少至3个，且除烟台外，潍坊、淄博、泰安等原次高等级城市均发生等级倒退，而济宁、日照等原中等级城市凭借在绿色债券等领域的快速发展，逐渐跻身次高等级，导致中等级城市数量随之减少；次低等级城市数量波动较大，低等级城市数量则较为稳定。

在等级分布上，呈现显著空间差异。东西方向上，“东高西低”空间分异态势显著，青岛、烟台等东部沿海城市绿色金融发展水平较高，而德州、菏泽、聊城等鲁西地区绿色金融发展水平较低；南北方向上则逐渐从“中部高、两端低”向“中高北低、南部居中”转变，临沂、济宁等鲁南各市绿色金融发展速度快于鲁北各市。

在各等级空间关联特征上，全局 Moran's I 值波动较大，从正值逐渐变为负值，且越发小于0，表明山东省绿色金融分布从空间正相关逐渐转变为空间负相关，空间分布更为离散，未来应强化邻近地市间金融合作，发挥高等级城市的扩散带动效应。

2. 空间分布方向性演变趋势分析

在空间分布的主要方向上（见表5-29），方位角逐渐从80.69°逆时针偏移至74.47°，逐渐与济宁—威海中心城区连线走向较为一致；在方向性和向心力上，扁率先增加后降低，总体上仍有所增加，短轴长度则先降低后增加，总体上仍有所降低，表明山东省绿色金融分布的方向性和向心力均趋于增强，集聚程度趋于扩大；在主要分布范围上，标准差椭圆基本覆盖了济南、青岛、淄博、潍坊和烟台等胶济铁路沿线地区，覆盖范围呈先显著收缩再逐渐扩张态势，但总体略有收缩，初期收缩主要是由于青岛、烟台等市在绿色债券等领域率先取得发展，导致绿色金融分布集聚区越发集中在青岛、烟台等东部地区，但随着绿色金融发展高水平区的扩散带动效应不断凸显，济宁、潍坊、临沂等地区绿色债券发展也开始发力，导致分布集聚区的面积有所增加。

表5-29　绿色金融标准差椭圆分析参数

年份	长半轴（km）	短半轴（km）	方位角（°）	重心（°）
2010	223.845	98.418	80.685	118.573，36.490
2014	205.167	83.567	79.131	119.268，36.544

续表

年份	长半轴（km）	短半轴（km）	方位角（°）	重心（°）
2018	241.304	84.711	78.895	118.600，36.309
2022	225.200	93.525	74.473	118.839，36.292

在空间分布重心上，分布重心始终位于潍坊市，初期较山东省几何中心偏东偏北，且向东偏移更为显著，印证山东省绿色金融发展“东强西弱”的格局；在重心移动趋势上，移动轨迹大致呈“Z”字形，2010—2014 年重心向东北方向移动，2014—2018 年，重心向西南方向移动，2018—2022 年，重心向东南方向移动，整体上呈向东南方向移动，且重心移动距离较远，在潍坊临朐县与安丘市间渐次移动，2022 年重心较山东省几何中心从偏东偏北转向偏东偏南，表明 2010—2022 年，临沂、济宁、烟台及日照等位于重心以南、以东地区的城市绿色金融发展速度较快，且对山东省绿色金融总体发展的拉动作用较强。

（二）各地市普惠金融的空间演变特征分析

1. 空间分布格局演变趋势分析

根据普惠金融测度结果，利用 ArcGIS 的自然间断点分级法将各年份城市普惠金融发展水平分为 5 个等级（见图 5－18）。

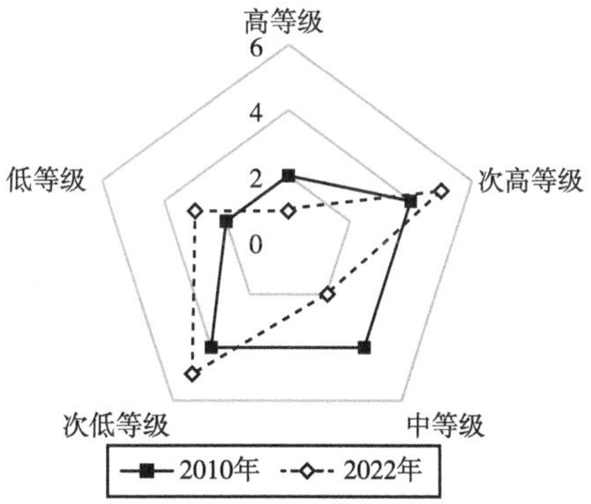

图 5－18　2010 年、2022 年山东省各地市普惠金融分级示意

在各等级数量上，高等级城市从东营、青岛 2 市减少至东营 1 市，青岛则逐渐降至次高等级；次高等级城市数量略有增加，其中济南、淄博始终处于次高等级行列，临沂和潍坊则相继退出，主要是由于 2 市在“三农”金融服务供给发展上增速较低，2 市农村人口数量分别居全省第 1 位和第 3 位，但在村镇银行等新型农村金融机构发展规模上仍不足；中等级城市数量波动较大，空间分布格局也显著变化，逐渐减少至潍坊、济宁 2 市；次低等级和低等级城市数量均在波动中略有增加，且集中分布区向东、向南转移。

在各等级分布上，呈现显著空间差异。东西方向上，初期呈现一定的“东高西低”空间分异态势，但随着德州、滨州向次高等级跃迁，济宁、菏泽等级的跃升，这一分异态势逐渐向“西高东低”转变，北部地区表现得尤为显著。南北方向上则逐渐从“中部高、两端低”向“北高南低”转变，东营、滨州、德州等鲁北各市普惠金融发展水平显著高于鲁南各市。

在各等级空间关联特征上，全局 Moran's I 值始终大于 0，呈先降低后增长趋势，总体上略有增长，且 2022 年的 Moran's I 值通过了显著性检验，表明山东省普惠金融分布始终呈空间正相关，且空间集聚态势有所增强。

2. 空间分布方向性演变趋势分析

在空间分布的主要方向上（见表 5－30），方位角和绿色金融较为相似，且也呈逆时针偏移态势，但偏移角度略小；在方向性和向心力上，扁率较绿色金融显著偏小，且总体上呈降低趋势，短轴偏长且总体上略有增长，表明相比于绿色金融，山东省普惠金融发展的方向性和向心力更弱，且越发减弱；在主要分布范围上，覆盖范围较绿色金融更广，且显著向北、向西推移，覆盖面积略有扩张。

表 5－30　　普惠金融标准差椭圆分析参数

年份	长半轴（km）	短半轴（km）	方位角（°）	重心（°）
2010	196.169	118.232	79.278	118.480，36.548
2014	203.364	120.864	77.372	118.409，36.587
2018	204.678	120.780	75.468	118.269，36.573
2022	202.107	119.956	75.535	118.176，36.572

在空间分布重心上，分布重心和绿色金融维度相比显著偏西偏北，始终位于潍坊青州市；在重心移动趋势上，2010—2014 年重心向西北方向移动，2014—2022 年，重心向西南方向移动，整体上呈向西北方向移动，与绿色金融完全相反；在重心移动距离上，南北方向上，移动距离较绿色金融短，但东西

方向上移动距离远，且纵坐标已非常接近全省几何中心，表明鲁西各市普惠金融发展速度较快，且对山东省普惠金融总体发展的拉动作用显著，导致东西方向上“东强西弱”格局不复存在，南北方向成为空间分异的主导方向。

（三）各地市产业金融的空间演变特征分析

1. 空间分布格局演变趋势分析

根据产业金融测度结果，利用 ArcGIS 的自然间断点分级法将各年份城市产业金融发展水平分为 5 个等级（见图 5－19），但初期由于大部分城市产业金融测度得分均为 0 值，导致等级分化不明显，仅分为 3 个等级。

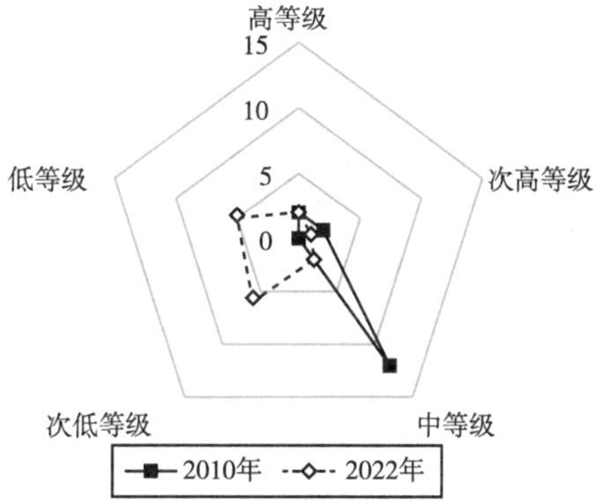

图 5－19　2010 年、2022 年山东省各地市产业金融分级示意

在各等级数量上，高等级城市数量最为稳定，始终为济南与青岛 2 市；次高等级城市从烟台、济宁两市逐渐减少至烟台 1 市，而济宁由于产业金融发展速度较慢，逐渐退至中等级；2014 年以来，随着各市产业金融发展，等级分化越发明显，其余 3 个等级城市数量也有了一定变化。其中，中等级城市数量略有增加，逐渐发展至济宁与菏泽 2 市；次低等级城市数量有所增多，且越发集中在济南与青岛 2 市之间的地域；低等级城市数量则有所减少。

在各等级分布上，呈现显著空间差异。东西方向上，表现出一定的“东强西弱”空间分异态势，但始终不太显著，东、西两个区域内均存在显著高值区和显著低值区。南北方向上则始终表现出一定的“中高北低、南部居中”态势，但南部济宁的比较优势地位有所下降。

在各等级空间关联特征上，全局 Moran's I 值虽略有增长，但始终小于 0，表明山东省产业金融分布始终呈空间负相关，核心—边缘结构突出，核心区扩散带动作用不足。

2. 空间分布方向性演变趋势分析

在空间分布的主要方向上（见表 5－31），初期方位角较绿色金融等维度偏小，但呈顺时针偏移态势，2022 年方位角偏移至 85.59°，近东西向，和济南—烟台几何中心连线较为一致；在方向性和向心力上，扁率较绿色金融、普惠金融等维度显著偏大，且总体上呈增长趋势，短轴偏短且总体上略有降低，表明相比于绿色金融等维度，山东省产业金融发展的方向性和向心力更强，且越发增强；在主要分布范围上，覆盖范围较绿色金融、普惠金融等维度明显偏小，且覆盖面积呈收缩态势，表明山东省产业金融发展的集聚效应在加大，济南、青岛等位于标准差椭圆内部的主要城市对全省产业金融发展的拉动作用尚未凸显。

表 5－31　产业金融标准差椭圆分析参数

年份	长半轴（km）	短半轴（km）	方位角（°）	重心（°）
2010	218.323	68.385	78.638	118.708，36.472
2014	195.946	63.818	85.004	118.376，36.505
2018	191.443	62.392	87.450	118.562，36.516
2022	194.857	60.214	85.589	118.272，36.517

在空间分布重心上，分布重心初期较绿色金融、普惠金融等维度偏东偏南，但随着重心整体上向西北方向的移动，2022 年较绿色金融重心偏西偏北，较普惠金融仍略偏东偏南；在重心移动距离上，南北方向上移动距离较短，但东西方向上移动距离较远，逐渐从潍坊临朐移动至青州，和山东省几何中心纵坐标已较为接近，表明山东省产业金融发展在各个方向的空间分异态势均有所缓解，尤其是东西分异态势显著降低。

（四）各地市科技金融的空间演变特征分析

1. 空间分布格局演变趋势分析

根据科技金融测度结果，利用 ArcGIS 的自然间断点分级法将各年份城市科技金融发展水平分为 5 个等级（见图 5 - 20）。

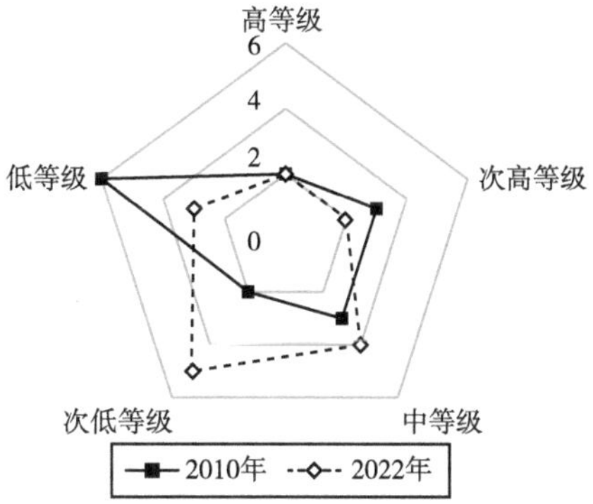

图 5 - 20　2010 年、2022 年山东省各地市科技金融分级示意

在各等级数量上，高等级城市较为稳定，包含青岛与济南 2 市；次高等级城市数量有所减少，除烟台外，聊城与泰安 2 市科技型企业较早进入资本市场，但后续发展较为乏力，导致 2 市逐渐倒退至次低等级，而淄博凭借科技企业资本市场服务水平和科技金融政策支持力度的不断提升，从中等级跃居至次高等级；中等级城市数量在波动中略有增加，新增德州与潍坊 2 市；次低等级城市数量逐渐增多，低等级城市则趋于减少，除临沂、菏泽外，其他城市跃迁至次低或中等级。

在各等级分布上，呈现显著空间差异。东西方向上，初期呈现一定的“东高西低”空间分异态势，且随着潍坊等级的跃升及聊城、泰安等级的倒退，这一态势越发显著；南北方向上始终表现出一定的“中高南低、北部居中”的空间分异态势，东营、德州、滨州等鲁北各市科技金融发展水平高于鲁南各市。

在各等级空间关联特征上，全局 Moran's I 值波动较大，呈先显著增长后显著下降的态势，在 2014 年和 2018 年较大，且 2014 年通过了显著性检验，在 2010 年和 2022 年虽仍大于 0，但与零值较为接近，表明山东省科技金融分布具有一定的空间正相关，但总体空间集聚态势不强。

2. 空间分布方向性演变趋势分析

在空间分布的主要方向上（见表 5 - 32），初期方位角较绿色金融、产业金融等维度均偏大，且变化较小，始终在 82°左右；在方向性和向心力上，扁率较绿色金融和普惠金融偏大，但较产业金融偏小，总体上呈降低趋势，短轴亦仅长于产业金融，总体上呈增长趋势，表明相比于其他维度，山东省科技金融发展的方向性和向心力强于绿色金融和普惠金融，但次于产业金融，且呈降低趋势；在主要分布范围上，覆盖范围略大于产业金融，明显小于绿色金融、普惠金融，且覆盖面积略有降低，表明山东省科技金融发展的扩散效应仍未凸显。

表 5-32　科技金融标准差椭圆分析参数

年份	长半轴（km）	短半轴（km）	方位角（°）	重心（°）
2010	227.560	78.057	82.579	118.724，36.588
2014	201.116	76.351	83.480	118.937，36.666
2018	213.381	78.463	82.257	118.806，36.648
2022	205.323	82.339	82.900	118.808，36.658

在空间分布重心上，分布重心初期较绿色金融、普惠金融等维度均偏东偏北，且重心整体上继续向东北方向移动，逐渐从潍坊青州移动至昌乐，2022 年较普惠金融、产业金融重心仍偏东偏北，较绿色金融偏西偏北，印证山东省科技金融发展在南北方向上的“中高南低、北部居中”空间分异态势，鲁南各市科技金融发展水平始终较为滞后；在重心移动距离上，向北向东的移动距离均较短，表明山东省科技金融发展在各个方向的空间分异态势虽未有所缓解，但差距也未显著扩大。

（五）各地市金融支持经济高质量发展能力的空间演变特征分析

1. 空间分布格局演变趋势分析

根据各地市金融支持经济高质量发展能力的测度结果，利用 ArcGIS 的自然间断点分级法将各年份城市金融支持经济发展能力分为 5 个等级（见图 5-21）。

在各等级数量上，高等级城市最为稳定，始终仅济南与青岛 2 市；次高等级城市略有减少，济宁因产业金融发展速度较慢，逐渐降至中等级，烟台

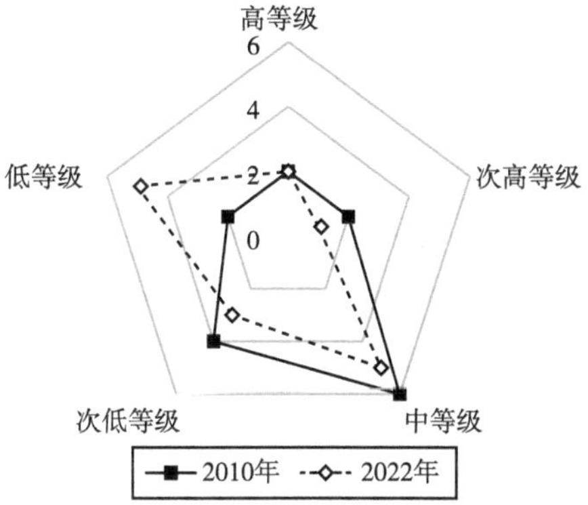

图 5-21　2010 年、2022 年山东省各地市金融支持经济高质量发展能力分级示意

则始终处于次高等级；中等级城市数量略有减少，泰安、聊城和威海等原中等级城市逐渐降至次低或低等级；次低等级城市数量略有减少，低等级城市数量则显著增多，聊城、德州、滨州和泰安逐渐降至低等级，而菏泽则从低等级提升至次低等级。

在各等级分布上，呈现显著空间差异。东西方向上，“东高西低”空间分异态势显著；南北方向上，始终表现出一定的“中部高、两端低”空间分异态势。

在各等级空间关联特征上，全局 Moran's I 值总体呈下降态势，且始终小于0，表明山东省各市金融支持经济发展能力在空间分布上具有一定的负相关，核心—边缘结构凸显，核心区的辐射带动作用未有效发挥。

2. 空间分布方向性演变趋势分析

在空间分布的主要方向上（见表 5-33），方位角初期约 80°，总体向顺时针偏移，2022 年约 81°，和绿色金融、普惠金融维度相比略大，和产业金融、科技金融维度相比则略小；在方向性和向心力上，初期扁率大于绿色金融和普惠金融维度，但由于其降低趋势显著，导致 2022 年仅大于普惠金融这一维度，短轴长度增长趋势显著，表明由于各维度空间分布主导方向的差异性，导致山东各地市金融支持经济发展能力的综合水平方向性和向心力相对较弱；在主要分布范围上，覆盖范围大于产业金融和科技金融维度，覆盖范围略有扩张。

表 5-33　金融支持经济高质量发展能力标准差椭圆分析参数

年份	长半轴（km）	短半轴（km）	方位角（°）	重心（°）
2010	219.534	83.758	80.281	118.667，36.517
2014	205.462	87.987	82.148	118.693，36.567
2018	209.328	86.964	82.409	118.554，36.494
2022	206.796	91.107	81.330	118.496，36.517

在空间分布重心上，分布重心始终位于绿色金融、普惠金融等 4 个维度之间，且由于 4 个维度重心分布越发分散，导致与 4 个维度重心的距离也越远；在重心移动轨迹上，总体向西南方向移动，其中向南移动不明显，向西移动距离相对较长，但由于绿色金融和科技金融重心向东移动，导致总体上向西移动距离短于普惠金融和产业金融，表明 2010—2022 年山东省各地市金融支持经济发展能力在南北方向上差距缓解较小，在东西方向上的分异态势有一定缓解，但在绿色金融和科技金融领域仍未得到有效缓解。

三、金融高质量发展水平的空间演变特征

（一）空间分布格局演变趋势分析

根据各地市金融高质量发展水平的测度结果，利用 ArcGIS 的自然间断点分级法将各年份城市金融高质量发展水平分为 5 个等级（见图 5-22）。

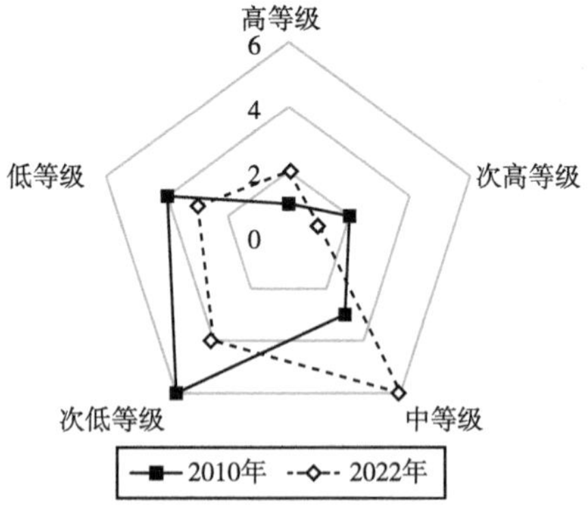

图 5-22　2010 年、2022 年山东省各地市金融高质量发展水平分级示意

在各等级数量上，高等级城市从青岛增加至青岛、济南2市，次高等级城市则减少至仅烟台1市；中等级城市数量不断增加，除原有的潍坊、淄博和济宁外，威海、东营和临沂逐渐从次低等级跃升至中等级，进而导致次低等级城市数量的减少；低等级城市数量略有减少。

在各等级分布上，呈现显著空间差异。东西方向上，“东高西低”空间分异态势显著，青岛、烟台、潍坊和威海金融高质量发展水平较高，聊城、泰安、滨州金融高质量发展水平较低；南北方向上，始终表现出一定的“中部高、两端低”空间分异态势。

在各等级空间关联特征上，全局 Moran's I 值始终呈下降态势，且始终小于0，表明山东省各地市金融高质量发展水平在空间分布上具有一定的负相关，核心—边缘结构凸显，核心区的辐射带动作用未有效发挥。

（二）空间分布方向性演变趋势分析

在空间分布的主要方向上（见表5-34），方位角初期为80.67°，总体略向顺时针偏移，和金融自身发展能力、金融支持经济发展能力两目标相比差异较小；在方向性和向心力上，初期扁率略大于金融自身发展能力，但由于降低趋势不同，导致2022年这一目标略大于金融支持经济发展能力这一目标，短轴长度短于金融支持经济发展能力这一目标，且和两目标一致，均呈增长趋势，表明在两目标的共同影响下，金融高质量发展水平空间分布的方向性有所减弱，但减弱程度不如金融支持经济发展能力这一目标，向心力和两目标一致均呈降低趋势；在主要分布范围上，覆盖范围面积初期居两目标之间，但后期略大于两目标，表明由于两目标在主要分布范围的异质性增加，导致金融高质量发展水平覆盖面积逐渐大于两目标。

表5-34　　金融高质量发展水平标准差椭圆分析参数

年份	长半轴（km）	短半轴（km）	方位角（°）	重心（°）
2010	210.128	80.254	80.665	118.987，36.512
2014	205.189	84.409	81.614	118.958，36.531
2018	212.092	86.628	81.887	118.754，36.498
2022	211.433	90.477	81.045	118.656，36.510

在空间分布重心上，分布重心大部分时期位于金融自身发展质量目标偏西偏北，位于金融支持经济发展能力目标偏东偏南，但在南北方向上与两目标的差异不明显，在东西方向上差异较为凸显；在重心移动轨迹上，与两目标一致，总体上均向西南方向移动，且向西移动态势更为凸显，表明山东省金融自身发展质量在东西方向上的分异态势强于金融支持经济发展能力这一目标，但两目标在东西方向上的分异态势均有所缓解，共同推动金融高质量发展水平在东西方向上分异态势的缓解，但在南北方向上分异态势变化较小。

第三节　山东省各地市金融高质量发展的障碍因素及对策

一、障碍因子分析

影响各地市金融高质量发展成效水平提升的障碍因素存在一定共性，且和山东省金融高质量发展的制约因子存在一定共性（见表5－35）。

表5－35　2010年、2022年山东省各地市金融高质量发展前10位障碍因子

城市	主要障碍因子	
	2010年	2022年
济南	C14、C22、C26、C6、C15、C17、C8、C2、C7、C13	C14、C6、C6、C22、C13、C7、C5、C9、C8、C26
青岛	C1、C28、C7、C9、C17、C5、C23、C11、C20、C3	C25、C24、C22、C12、C7、C1、C9、C4、C17、C11
淄博	C14、C24、C25、C26、C22、C6、C3、C15、C28、C5	C14、C25、C24、C18、C6、C2、C3、C15、C5、C4
枣庄	C14、C24、C25、C26、C22、C6、C3、C28、C5、C15	C14、C25、C24、C18、C6、C2、C15、C26、C5、C3
东营	C14、C24、C25、C26、C6、C3、C5、C15、C2、C28	C14、C25、C24、C18、C2、C6、C26、C15、C5、C3

续表

城市	主要障碍因子	
	2010 年	2022 年
烟台	C24、C14、C26、C6、C22、C25、C3、C28、C8、C2	C14、C25、C24、C2、C6、C3、C4、C22、C13、C28
潍坊	C14、C24、C25、C26、C6、C22、C28、C3、C2、C15	C14、C25、C24、C2、C6、C18、C5、C26、C3、C15
济宁	C14、C24、C26、C22、C6、C25、C3、C28、C15、C2	C14、C25、C24、C2、C6、C26、C5、C3、C28、C15
泰安	C14、C24、C25、C22、C6、C26、C3、C28、C5、C15	C14、C25、C24、C18、C2、C6、C15、C5、C26、C3
威海	C14、C24、C25、C26、C6、C3、C22、C5、C15、C8	C14、C25、C24、C2、C6、C26、C15、C3、C5、C4
日照	C14、C24、C25、C26、C6、C3、C28、C22、C5、C15	C14、C25、C24、C2、C26、C15、C6、C5、C3、C4
临沂	C14、C24、C25、C26、C6、C22、C3、C28、C5、C2	C14、C25、C24、C2、C26、C5、C15、C6、C28、C3
德州	C14、C24、C25、C26、C22、C6、C3、C28、C15、C5	C14、C25、C24、C18、C2、C6、C15、C5、C3、C26
聊城	C14、C24、C25、C22、C26、C6、C3、C28、C2、C5	C14、C25、C24、C18、C2、C6、C15、C26、C5、C3
滨州	C14、C24、C25、C26、C6、C3、C22、C28、C5、C15	C14、C25、C24、C2、C18、C6、C26、C5、C15、C3
菏泽	C14、C24、C25、C26、C22、C6、C3、C28、C5、C15	C14、C25、C24、C18、C2、C6、C15、C26、C5、C3

外资金融机构发展水平始终是制约大部分地市金融高质量发展的首要障碍因子，且障碍度呈增长态势。具体到各地市，除青岛外资金融机构形成一定集聚优势外，其他地市外资金融机构均较少，其中仅济南外资金融机构数量增长较为可观，但相比于其他要素发展仍较为滞后，和首位城市青岛的差距较大，其余地市外资金融机构发展滞后，金融开放度亟待提升。另外，各地市境外投资规模这一影响金融高水平开放的另一个指标也是制约大部分地

市金融高质量发展的主要障碍因子，且障碍度排名有所提升，从居第 9 位或第 10 位为主转变为居第 7 位或第 8 位为主。具体到各地市，青岛和烟台 2 市凭借优越的地理区位优势，境外投资规模始终保持一定优势；济南境外投资规模增长显著，境外投资的障碍度从 4.70% 降至 0；临沂和聊城境外投资规模优势则逐渐丧失，2022 年 2 市该指标障碍度均增高至 4.50% 左右；其余 11 个地市金融高质量发展则始终受境外投资这一指标的约束。

财务公司数量和商业保理公司数量是制约大部分地市金融高质量发展的第 2、第 3 位障碍因子。具体到各地市，济南产业金融发展的比较优势越发凸显，其他地市产业金融发展速度则较慢，其中青岛财务公司数量和商业保理公司数量在 2010 年和济南保持一致，但由于其增长速度较低，导致产业金融发展水平逐渐发展成为其金融高质量发展的主要障碍因子，两指标障碍度高达 44%；其他地市产业金融发展水平与济南、青岛有一定差距，但随着各市商业保理业务等产业链金融的发展，大部分地市两指标障碍度有一定下降，但烟台、济宁两指标障碍度略有增长，主要是缘于相较于其他大部分指标，2 市财务公司数量规模与济南、青岛等高位序城市相比差距越发偏大。

科技企业资本市场服务水平初期是制约大部分地市金融高质量发展的第 4 位障碍因子，但随着各市科技型企业利用资本市场的能力不断提升，该指标障碍度显著降低，各市平均障碍度从 8.54% 降至 3.61%。具体到各地市，青岛积极推动科技型企业多层次资本市场融资，科技企业资本市场服务水平始终处于引领地位；淄博和烟台创业板和科创板上市企业数量增长较为显著，科技企业资本市场服务水平不再是其金融高质量发展的主要障碍因子；济南近年来将资本市场作为发展科技金融、支持科创企业融资的重要渠道，创业板和科创板上市企业数量亦增长显著，科技企业资本市场服务水平障碍度也随之降低，但仍是制约济南金融高质量发展的第 10 位障碍因子；其他地市障碍度虽有一定降低，但仍是金融高质量发展的主要障碍因子。另外，科技金融发展的科技能力初期也是大部分地市金融高质量发展的主要障碍因子，但障碍度相对较小，且随着各市科技创新能力的不断提升，各市该指标平均障碍度显著降低，逐渐退出大部分地市的主要障碍因子行列。

金融体系的多元化水平始终是制约大部分地市金融高质量发展的第 5 位障碍因子。具体到各地市，青岛金融体系的多元化发展始终走在全省前列，发挥良好的引领示范作用；济南金融体系多元化发展水平取得显著提升，该指标障碍度也有一定降低，但和青岛相比仍有一定差距；其他地市该指标平均障碍度也有降低，但降低趋势不显著，仍是制约金融高质量发展的主要障碍因素。

金融机构密度、银行业资产规模和证券业资产规模等金融规模维度的相关指标也是制约大部分地市金融高质量发展的主要障碍因子，其中金融机构密度和证券资本规模的障碍度呈增长趋势。具体到各地市，青岛金融机构密度长期居全省首位，金融服务的覆盖率和可得性领先优势显著，多层次资本市场发展成效卓著，银行业和证券业资产规模逐渐退出主要障碍因子行列，但保险业资产规模增长速度相对较低，逐渐成为其金融高质量发展的主要障碍因子；济南银行业资产规模长期处于领先地位，证券业资产规模增速相对较低，逐渐成为制约其金融高质量发展的主要障碍因子，金融服务可获得性和覆盖率则始终是制约其金融高质量发展的主要障碍因子；烟台证券业资产规模始终具有一定比较优势，但银行业资产规模和金融机构密度则始终是制约其金融高质量发展的主要障碍因子；淄博和枣庄在金融服务供给上的比较优势逐渐消失，济宁和潍坊在证券资本市场发展上的比较优势逐渐消失，在金融规模维度的主要障碍因子也随之增多；其余地市金融高质量发展则始终受到这些指标的制约。

村镇银行等新型农村金融机构覆盖率在初期也是大部分地市金融高质量发展的主要障碍因子，但随着山东省村镇银行体系的快速发展，其障碍度显著降低；另外，伴随着绿色债券等新兴绿色证券产品的出现和发展，各地市绿色证券发展水平参差不齐，枣庄、德州、泰安、滨州、聊城等大部分地市绿色证券发展水平偏低，导致该指标亦逐渐发展成为大部分地市金融高质量发展的主要障碍因子。

二、对策分析

（一）因地制宜，塑造金融高质量发展的特色优势

山东省各地市在贯彻全省金融高质量发展决策部署的基础上，根据自身金融发展现状和发展条件，依据金融高质量发展的障碍因素探寻自身金融高

质量发展的突破口和发展路径。

对于金融自身发展，在金融规模维度上，各地市应结合自身经济发展情况和需求，积极推动符合条件的金融资本、社会资本和产业资本发起设立法人金融机构，不断完善地方金融组织体系和管理体系，不断提高郊区、产业园区、农村的金融服务供给规模，同时鼓励引导银行、保险与证券等不同金融细分行业间的业务合作，促进不同细分行业资产规模的耦合协调发展。在金融结构维度上，各地市应结合自身经济发展情况及金融体系状况，注重提高已有金融机构的服务能级和集聚力，着力引进培育所缺失的金融机构类型，稳步提高金融体系的多元化水平，支持企业发行股票、公司债、企业债、可转债及短期融资券、中期票据等各类直接融资工具，提高直接融资比重。在金融功能维度上，各地市不应片面追求金融贡献度的提高，而应务实提高金融支持实体经济质效，注重提高居民保险和理财意识与知识，同时结合自身绿色金融、普惠金融、科技金融等发展需要，提升现有金融从业人员在不同细分领域的责任意识与标准素养，提高金融劳动生产率。在金融保障系统建设上，各地市应注重提高对金融开放新格局的适应性。

对于金融支持实体经济发展，在绿色金融维度上，各地市应结合自身财政实力，聚焦当地生态环境领域重大项目和工程，稳步提升绿色财政支出规模及资金使用绩效，充分结合当地产业结构特点，创新绿色金融产品，做实绿色项目储备，加强对于相关主体发行绿色债券的贴息、投资补助等实质性激励，不断完善支持绿色发展的税收、投资、价格政策和标准体系。在普惠金融维度上，各地市应结合自身农业发展基础和农户素养，鼓励发展特色农产品保险、期货和信贷产品，实现保险、期货、信贷和担保等金融工具的有机衔接，创新农村集体资产股权、债权、订单、存货、应收账款等供应链融资模式，鼓励金融机构创新小微企业服务模式，聚焦当地特色产业集群、重点行业创新普惠金融产品，推动地方小微金融机构及服务体系的可持续发展。在产业金融维度上，各地市应结合本地实体经济产业生态，支持金融机构围绕重点产业链建立健全金融服务体系，推动供应链金融技术创新、产品创新、模式创新、风控创新、场景创新和合作创新，共建产业数字化生态。在科技金融领域，各地市应持续完善金融支持科技创新体系，打通“金融—科技—产业”深度融合痛点，加速形成新质生产力。

（二）加强合作，促进山东省金融高质量协同发展

培育不同层级金融增长极，辐射带动全省金融高质量发展。充分发挥济南及青岛两大金融核心的示范引领，增强两大核心金融资源集聚力，发展金融总部经济，大力度引进国内外金融机构入驻，加快金融机构、功能、人才“三集聚”，形成具有齐鲁特色的金融产业集群；提升两大核心投融资活跃度，建成股票、债券、基金等种类齐全和各类证券机构发达的证券市场体系，增强金融资本吸纳、投资和运作能力；增强两大核心金融服务辐射带动能力，引导属地城商行与保险公司的理性扩张和差异化经营，提高网点实体经济服务质效，引导属地证券机构以营业部、代理处等多元化方式向落后县域扩张，补足落后县域的证券空白，健全全省金融市场。同时，注重培育次级金融节点，通过金融要素的集聚辐射，扩展建立成熟、健全的金融地域系统。

借助实体运行和网络媒介等多元方式不断加深山东省内部不同层级节点间的金融联系。鼓励引导不同地区金融机构加强互联互动，协同开展金融服务创新，推动区域金融市场联动发展，加快区域内金融要素自由流动，为实现区域金融资源优化配置创造良好环境；推动金融资源的互补共享，促进金融项目的跨区域孵化和推广，鼓励落后县域地方政府、金融机构、企业等不同市场主体，主动加强与省会济南及青岛等地不同市场主体间在投融资、金融产品开发等方面的合作，推动区域整体创新能力与金融生态的优化；探索建立区域金融协同发展工作机制，以三大经济圈金融合作发展为支撑，推进山东省金融一体化发展。

第六章

强省会战略下济南金融高质量发展专题研究

第一节　济南金融自身发展能力研究

一、金融规模

（一）金融网点资源

1. 银行网点资源

（1）属地银行。

济南属地银行以城、农商行为主体，拥有齐鲁银行、莱商银行 2 家城商行，且 2 家城商行近年来专注主业，积极转型，规模稳健增长，发展能力稳步提升；拥有济南农商银行、莱芜农商银行等 6 家农商行，分支机构均局限于市域内部。

齐鲁银行前身为成立于 1996 年的济南市商业银行，是全国首批、山东省首家设立并引进境外战略投资的城商行。成立以来，齐鲁银行始终坚守“服务地方经济、服务小微企业、服务城乡居民”的市场定位，根植济南，立足山东省，辐射华北，营业网点覆盖范围逐渐向外扩张。随着营业网点的规模增长和空间扩张，齐鲁银行营业收入及资产规模等也取得快速增长，2021 年 6 月正式登陆上海证券交易所，进一步增强其盈利能力和综合竞争实力。

2022 年核心资产一级净额达 294.54 亿元，在 14 家山东省城商行中居首位，在 125 家全国城商行中居第 30 位，资产规模达 5060.1 亿元，在 14 家山东省城商行中低于青岛银行，在全国城商行中居第 25 位。

齐鲁银行在实现自身高质量发展的同时，积极发挥金融“头雁”作用，对外投资济宁银行、德州银行，发起设立章丘齐鲁村镇银行，并于 2017 年 12 月全面接收澳洲联邦银行在河南、河北投资设立的 15 家村镇银行，控股村镇银行达 16 家。

莱商银行前身为成立于 2005 年的莱芜市商业银行，始终坚持自身经营质效提升与地方经济高质量发展共生共荣，截至 2023 年底，拥有 8 家分行、127 家营业网点，分支网络覆盖济南、菏泽、济宁、泰安、临沂、聊城、日照和徐州。莱商银行 2022 年资产规模达 1881 亿元，在 14 家山东省城商行中居第 7 位，在全国城商行中居第 71 位，综合实力相对较弱。

综上所述，济南属地城商行数量仅低于拥有 3 家城商行的宁波与台州等市，与南京、武汉、郑州等城市保持一致，具有一定数量优势，但在城商行发展水平上，齐鲁银行与莱商银行在全国城商行的表现中规中矩，与南京、杭州、武汉、郑州、成都等属地城商行相比仍有一定差距，综合发展实力亟待加强。

在属地农商行发展上，济南共有济南农商银行、莱芜农商银行、章丘农商银行、平阴农商银行、商河农商银行、济阳农商银行 6 家农商行，数量在山东省各地市居于中等水平，但各农商行发展水平参差不齐，实力小而散。属地村镇银行共有 10 家，分布在长清、平阴、槐荫、莱芜、历城等区（县），控股股东为齐鲁银行、青岛农商行、寿光农商行、上海农商行、广州农商行等省内外城农商行。

另外，随着 2019 年恒丰银行总部从烟台向济南的迁移，促成济南拥有 1 家全国性股份制银行总部，分支机构网络已扩展到山东、江苏、浙江、四川、北京、上海等 15 个省（市）。但其经营表现全面居于股份行末流，2022 年资产规模为 13316 亿元，在 12 家股份制银行中垫底，且低于北京银行、上海银行等城商行，整改之路道阻且长。

在民营银行发展上，济南仍属空白，山东省虽凭借威海蓝海银行在 19 家民营银行中占有一席之位，但济南作为省会城市，民营银行发展仍处于筹建申请阶段。

(2) 展业银行。

济南展业银行分行众多，凭借金融资源集聚优势、信息优势和地域邻近优势，在获取信贷及投资额度上具有较大便利性。在国有大行、股份行方面，截至2023年底，济南共有6家国有商业银行一级分行、2家政策性银行一级分行和全部12家股份制银行一级分行，与青岛相比在股份制银行一级分行具有数量优势；在二级分行上，2019年莱芜的划归使济南的二级分行数量增多，跃居山东省首位。在城商行方面，济南拥有北京银行、天津银行2家省外城商行分行和青岛银行、威海市商业银行等6家省内城商行分行，与青岛、烟台、潍坊等相比差别不大；在农商行上，济南仅有青岛农商行一家域外农商行的分支机构。另外，济南市已吸引东亚、汇丰、渣打、恒生与富邦华一银行共5家外资银行入驻。

伴随着属地银行的发展和域外银行的展业扩张，济南银行机构网点数量不断增多（见图6-1），截至2023年底，网点数量超过1800家，每万人拥有网点数量达1.91家，高于全省平均水平。

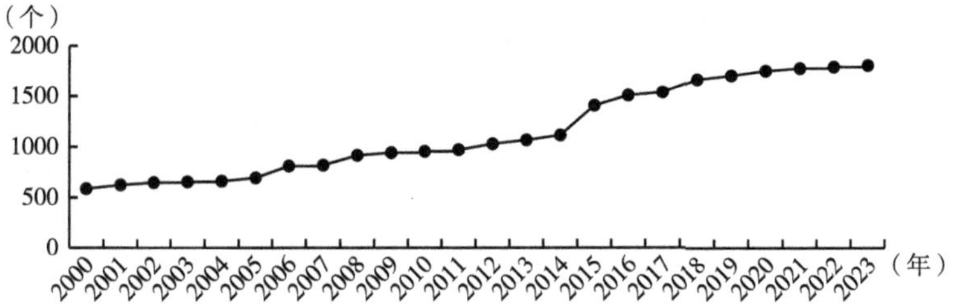

图6-1　2000—2023年济南市银行网点数量

(3) 银行业非存款类金融机构。

济南银行业非存款类金融机构发展可圈可点。在信托发展上，济南拥有山东省国际信托有限公司1家信托公司，与拥有陆家嘴信托的青岛市平分秋色。但在综合实力上，山东省国际信托不及陆家嘴信托，2022年资产规模为144.6亿元，在68家信托中排名第26位，落后于排名第17位的陆家嘴信托，并与南京、杭州、武汉、郑州、西安等同等级城市的信托公司相比差距较大。

在金融租赁发展上，济南拥有通达金融租赁、汇通金融租赁共2家金融租赁公司，在同级别省会城市中有一定数量优势。汇通金融租赁成立于2015

年，控股股东为浪潮集团，属于产业系金租公司；通达金融租赁成立于2016年，控股股东为威海市商业银行，属于银行系金租公司；2家公司2022年资产规模在68家金融租赁公司中居中游水平。

在汽车金融发展上，济南拥有重汽汽车金融有限公司1家汽车金融公司，也是山东省唯一的汽车金融公司，在数量上和合肥、南京、杭州、武汉等省会城市保持持平。重汽汽车金融有限公司成立于2015年，控股股东为中国重汽（香港）有限公司，业务部遍及中国内地31个省（区、市）。

在企业集团财务公司发展上，济南拥有山东钢铁集团财务、山东黄金集团财务等11家财务公司，在数量上具有一定规模优势，是财务公司数量最多的副省级城市和省会城市。

在其他类型发展上，山东省虽凭借海尔消费金融有限公司在30家消费金融公司中占有一席之位，但济南消费金融发展仍属空白领域。另外，济南也缺失贷款公司与货币经纪公司等金融机构。

2. 保险网点资源

（1）属地保险公司。

济南拥有泰山财险、和泰人寿与德华安顾人寿共3家保险公司总部，省内高于仅有1家保险公司总部的青岛和烟台。与国内其他城市相比，其数量仅低于4大直辖市，与杭州、大连、武汉等城市持平，具有一定数量优势。

泰山财险是由山东高速集团、山东重汽集团等16家国有大型骨干企业于2010年发起设立的财险公司，是首家注册地在山东的全国性保险法人机构，发展态势强劲。截至2023年底，公司共设立14家分公司，分支机构达192家，在山东省内16市已实现市级机构全覆盖，并实现向河北、江苏、内蒙古、浙江、北京、河南、陕西、山西、四川、天津、上海11个省（区、市）的跨省经营。泰山财险2023年保险业务收入达29.14亿元，在88家全国财险公司中居第38位。

德华安顾人寿是由山东省国有资产投资控股有限公司与德国安顾集团股份公司、德国安顾人寿保险股份公司于2013年共同出资组建的中外合资保险公司，是首家注册在山东的全国性寿险法人机构。截至2023年底，公司共设立5家分公司，分支机构达138家，在山东省内16市已实现市级机构全覆盖，并实现向河北、江苏、河南等邻近省域的跨省经营。但成立十多年，德华安顾人寿尚未实现盈利，连年累计亏损超24亿元。2023年保险业务收入为19.77亿元，在75家全国寿险公司中仅排名第66位。

和泰人寿是由中信国安有限公司、北京居然之家投资控股集团有限公司等8家企业于2017年发起设立的寿险法人机构，是一家轻资产、高效率、与互联网高度融合的创新型寿险公司，和传统保险机构不同的是，其不依赖分支机构的异地扩张实现市场扩张，而是通过互联网大规模开展全国业务。因此和泰人寿成立7年以来仅1家分公司，6家中心支公司。但当前互联网保险的崛起尚处于萌芽与未来的迷雾之中，和泰人寿成立以来连年亏损，2023年保险业务收入为23.25亿元，在75家全国寿险公司中仅排名第64位。

综上所述，济南具备一定的属地保险公司数量优势，但在资产规模和业务经营情况上稍显逊色，且缺失保险资产管理公司。在保险业协会披露的2022年度保险公司法人机构经营评价中，3家保险公司均评为B类，向A类保险公司发展的道路仍很漫长。

（2）展业保险公司。

在济南展业的异地寿险与财险保险公司众多，截至2023年底，共吸引90家异地寿险和财险机构入驻。异地保险公司大都选择在济南设立省级分公司，分支机构数量和等级在山东省居首位。

伴随着属地保险公司的发展和异地保险公司的扩张，济南市保险公司网点不断增多（见图6－2）。截至2023年底，济南保险公司网点达670家，每万人网点数量0.71家。

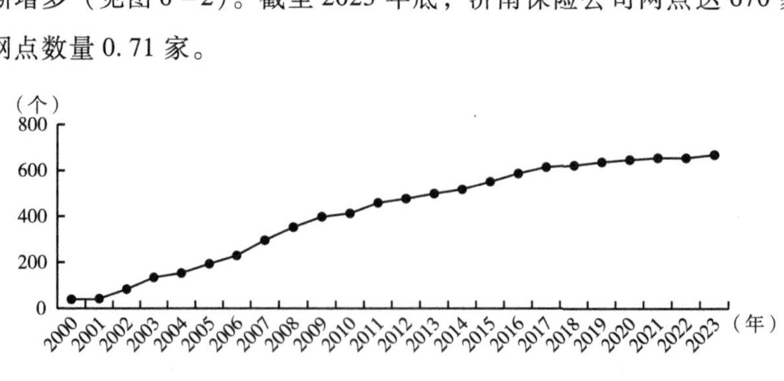

图6－2　2000—2023年济南市保险公司网点数量

3. 证券网点资源

（1）属地证券金融机构。

济南长期以来仅拥有中泰证券 1 家证券公司总部，在总部数量上和拥有 1 家证券总部及 1 家证券区域总部的青岛平分秋色，但与国内其他城市相比存在一定差距。除北京、上海、广州、深圳外，武汉、南京、西安、杭州、宁波等城市均拥有 2 ~3 家证券公司总部。

中泰证券前身为成立于 2001 年 5 月的齐鲁证券有限公司，于 2007 年 1 月收购济南老牌券商天同证券，是山东省唯一省属券商。中泰证券成立以来，深耕山东市场，同时积极布局长三角、珠三角、北京等市场。经历几十年的发展积累，截至 2023 年底，中泰证券在全国 28 个省（区、市）设有 44 家分公司、330 多家证券营业部，控股中泰期货、中泰资本、中泰国际、中泰资管、中泰创投、齐鲁股交、万家基金，形成了证券、期货、基金、投资等各项业务齐头并进的发展格局。中泰证券于 2020 年成功进入资本市场，使其长期受制的资本金规模得到快速提升，综合竞争力和抵御经营风险能力进一步增强。2023 年其营业收入达 127.62 亿元，在 145 家证券公司中居第 19 位，具有一定的竞争优势。

在期货发展上，济南拥有中泰期货、汇鑫期货共 2 家期货公司，在总部数量上高于仅有 1 家期货公司的青岛和淄博，但与国内其他城市相比存在一定差距。除北京、上海、广州、深圳外，福州、合肥、南京、成都、西安、杭州、天津和重庆等城市均拥有 3 家或 3 家以上期货公司总部。其中，中泰期货成立于 1995 年，依托控股股东中泰证券遍布全国的分支机构，形成了覆盖全国的服务网络，截至 2023 年底设有 17 家分公司，18 家营业部，2023 年综合评级为 AA 级；江海汇鑫成立于 1995 年，控股股东为济南金投控股集团有限公司，截至 2023 年底设有 3 家分公司，8 家营业部，2023 年综合评级等级较低，为 BB 级。

在公募基金发展上，中泰证券的资管子公司，即中泰资管虽取得公募基金资格，但其注册地为上海。山东省凭借青岛市兴华基金、新沃基金在 148 家公募基金管理公司中占有一席之位，但济南作为省会城市，在公募基金牌照上仍属空白，与北京、上海、广州、深圳、天津、重庆、杭州、福州和厦门等城市相比差距较大。济南市私募投资基金管理机构数量较多，截至2023年底，存续私募基金管理人已达193家，但与拥有375家的青岛相比仍有一定差距。

（2）展业证券金融机构。

在济南展业的证券机构众多。截至2023年底，济南共吸引超80家域外证券机构入驻，且大多选择在济南设立省级分公司，证券机构数量和等级在山东省居于首位。另外，在济南展业的期货公司也相对较多，截至2023年底，有64家期货公司在济南设立分公司，高于拥有31家期货分公司的青岛。但在济南展业的公募基金管理人相对较少，截至2023年底，仅汇安基金、诺德基金与兴华基金3家公募基金人在2019年及之后陆续在济南开设分公司。

随着属地证券公司的发展和异地证券公司的扩张，济南市证券公司网点不断增多。截至2023年底，济南证券公司网点达150家（见图6-3），每万人网点数量0.16家，期货公司网点也不断增多，达82家。

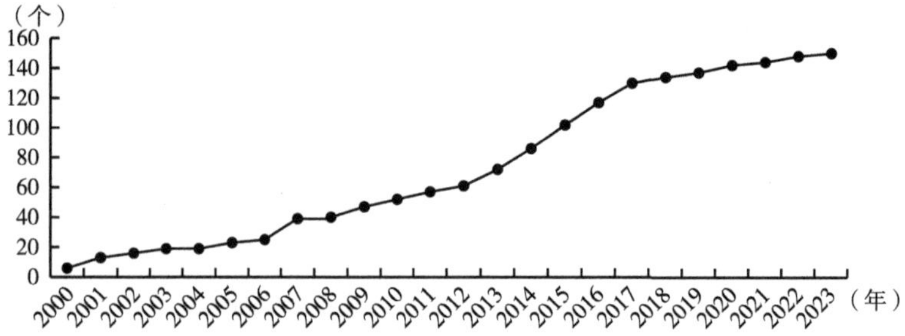

图6-3　2000—2023年济南市证券公司网点数量

4. 金融业总网点资源

对济南金融行业企业总数量进行查询统计，截至2023年底，济南共有5955个存续、在业金融行业企业，相较于2000年增长近8倍，包括银行类、证券类、保险类、担保类、金融资产管理公司类、金融控股公司、金融投资运营公司及其他金融企业类型。

金融服务的覆盖度不断提升，2023年济南每万人拥有的金融企业数为6.33家，相较于2000年增长近6倍，其中每万人拥有的银行机构网点、保险机构网点、证券机构网点分别为1.91家、0.71家和0.16家，差异较大。

（二）金融资产资源

1. 银行资产规模

伴随着银行网点规模的扩张，2000 年以来，济南市金融机构人民币存、贷款余额稳定增长（见图 6－4），年均增速分别为 14.3%、15.1%，其中存款增速略低于山东省平均水平，仅高于威海、烟台和淄博 3 市，贷款增速则略高于全省平均水平，低于日照、临沂、青岛、东营等 7 市，居第 8 位。

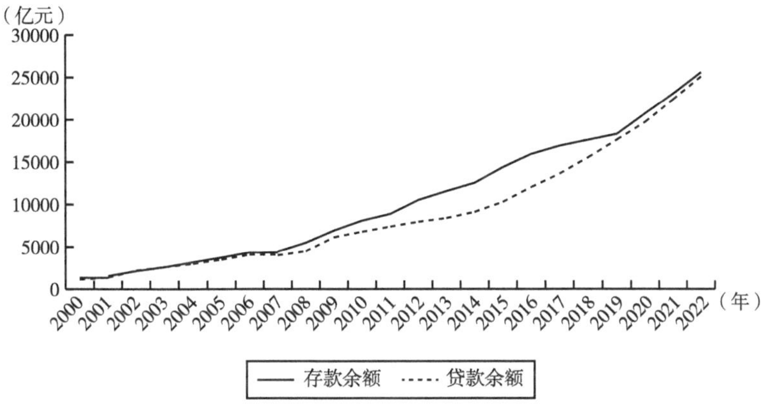

图 6－4　2000—2022 年济南市金融机构人民币存、贷款余额

截至 2022 年底，济南市金融机构人民币存、贷款余额分别为 25589.5 亿元、25078.0 亿元，分别占山东省的 17.8% 和 20.6%，分别居全省第 1 位、第 2 位，且存、贷款余额总额居全省首位，但相比于青岛的领先优势趋于减弱，首位度从 2000 年的 1.220 降至 1.010。

与中国各直辖市、省会城市和计划单列市进行对比①，济南存、贷款余额增速相对较低，在 35 个城市中均居第 24 位，导致规模排名略有降低，存、贷款余额总额从第 13 位降至第 15 位（见图 6－5）。济南当前排名和 GDP 排名较为一致，居中游水平，不仅低于东部的广州、杭州、南京等省会城市，和中西部的成都、武汉、郑州、西安和长沙相比也有一定差距。

① 由于拉萨市缺少部分金融数据，故在进行济南与各城市横向比较时，不包括拉萨；也不包括港澳台地区，因此本书中包括济南在内的中国直辖市、省会城市和计划单列市共 35 个。

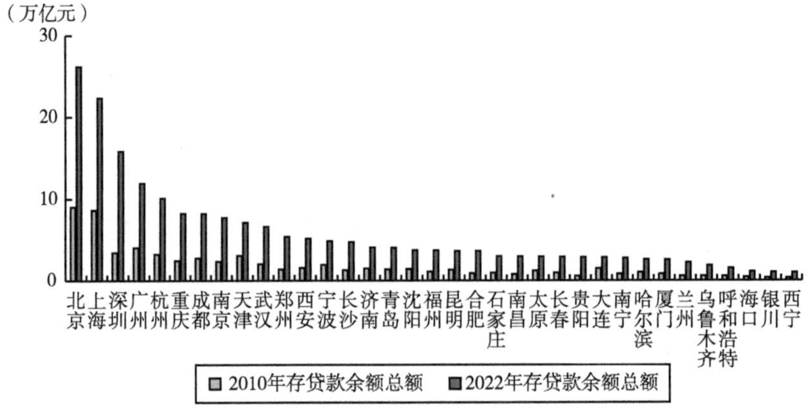

图 6-5　2010 年、2022 年各城市存、贷款余额总额

在人均水平上，济南市人均存、贷款余额在山东省始终居首位，且保持稳定增长，2022 年达到 53.8 万元/人，人均储蓄存款也从 2000 年的 0.7 万元/人增长到 2022 年的 10.9 万元/人，低于东营和威海，居第 3 位。与全国同等城市相比，2022 年济南人均存、贷款余额位次较 2010 年略有上升，居第 16 位，和绝对规模排名较为一致，人均储蓄存款位次较 2010 年显著上升，居第 14 位。

2. 保险资产规模

伴随着保险网点的规模增长和空间扩张，2000 年以来，济南市保费收入呈快速增长态势，年均增速 19.0%，高于全省平均增速，省内仅低于菏泽和枣庄，居第 3 位。伴随着保费收入的快速增长，2016 年济南保费收入赶超青岛，跃居全省首位。2022 年保费收入达 632.5 亿元，其中，财产险、人身险保费收入分别为 152.3 亿元、480.1 亿元，分别占全省的 14.8% 和 20.2%，分别居全省第 2 位和第 1 位。

在 35 个城市中，济南保费收入增速也相对较高，居第 9 位，绝对规模排名也从第 17 位上升至第 12 位（见图 6-6），略高于存贷款余额排名。

在人均保费收入即保险密度上，济南保险密度的省内排名也逐渐跃至首位，2022 年达到 6717.7 元/人，是全省平均水平的 2 倍。与全国同等城市相比，2022 年保险密度排名从 2010 年第 19 位上升至第 7 位，仅低于北京、上海、广州、深圳、南京、杭州等城市。

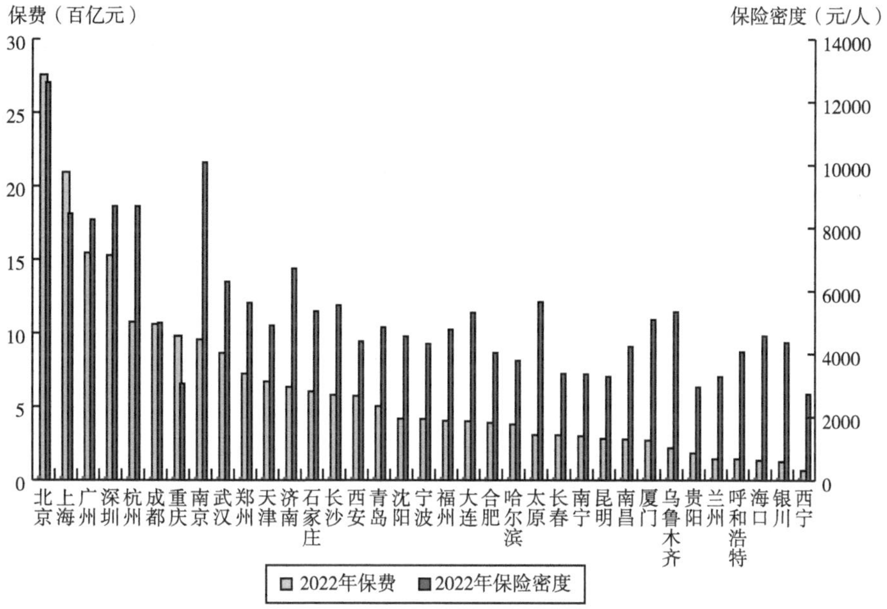

图 6－6　2022 年各城市保费收入和保险密度

3. 证券资产规模

伴随着证券机构网点规模增加和空间扩张，济南市证券交易额在波动中不断增长。2022 年证券交易额达 5.8 万亿元，低于青岛，居全省第 2 位，在 35 个城市中居第 18 位。股票、债券等直接融资规模增长较快，2023 年，济南新增企业直接融资 4137.8 亿元，连续多年稳居第 1 位。

济南市上市公司数量和市值总体也呈增长趋势，截至 2023 年底上市公司总数达到 60 家。其中 A 股上市公司数量增长一度较为缓慢，直到 2020 年与 2021 年才迎来井喷期，每年度新增 7 家上市公司，但在 2022 年后增速有所回落，山东航空又于 2023 年摘牌退市，2023 年底总数达到 47 家（见图 6－7），低于省内的青岛和烟台，在 35 个城市中数量居第 18 位。

2022 年，济南 A 股总市值超 5500 亿元，低于省内的烟台和青岛，在 35 个城市中居第 19 位（见图 6－8），在排名上落后于保险和银行资产规模。

4. 金融业总资产规模

2022 年，济南市金融总资产规模达 56961.5 亿元，在 35 个城市中居第 16 位（见图 6－9），处于中游水平。

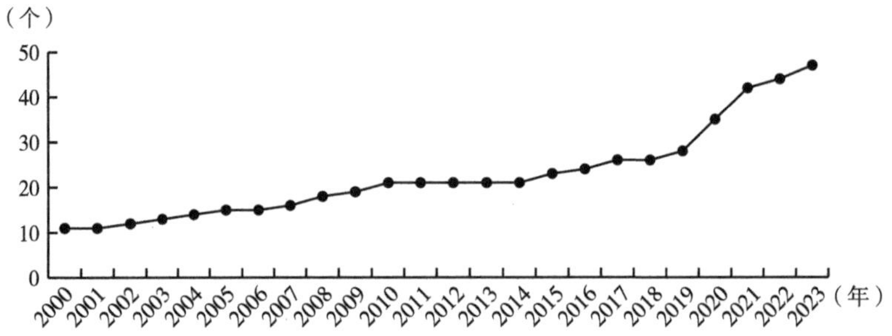

图 6－7　2000—2023 年济南市 A 股上市公司数量

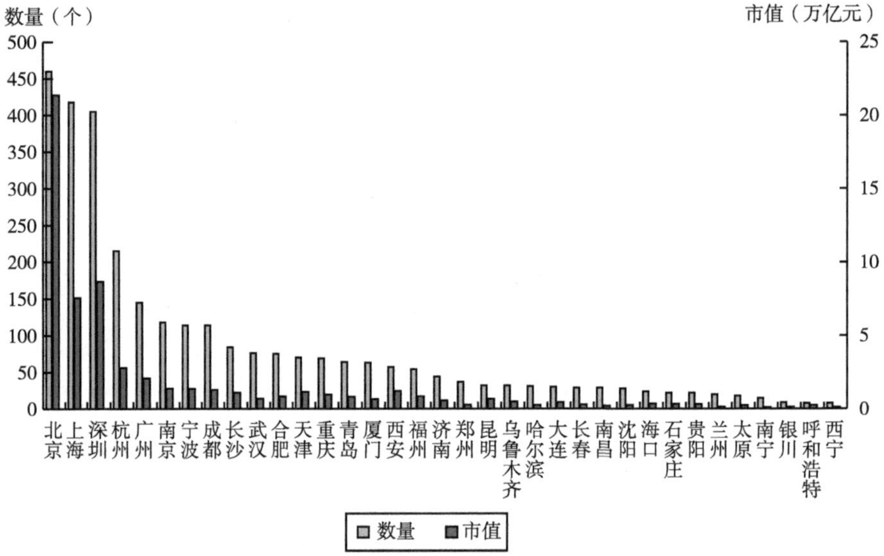

图 6－8　2022 年各城市 A 股上市公司数量与总市值

二、金融结构

（一）金融企业结构

在企业内部行业结构上，济南金融体系结构的多元化水平有所提高。货币金融服务类企业始终占据主导地位，但所占比例有所降低，从 2000 年的 89.9%降低至 2023 年的 36.6%，资本市场服务类企业数量增长显著，所占比例从 2000 年的 1.5%增长至 2023 年的 25.6%，保险类企业所占比例从 2000

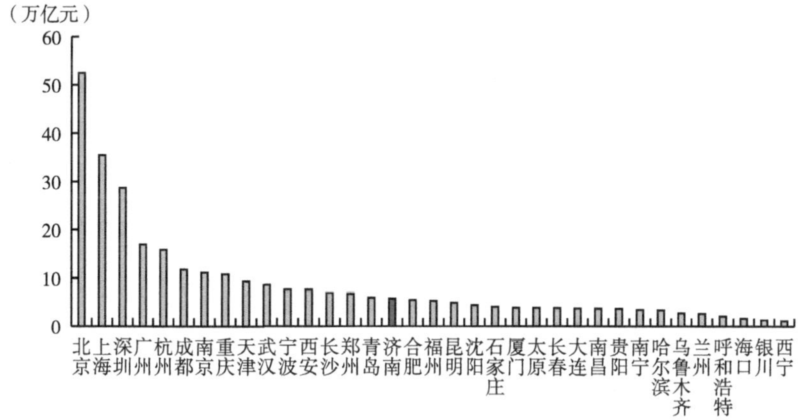

图 6－9　2022 年各城市金融业总资产规模

年的 5.9% 增长至 2023 年的 19.7%，但其增长速度落后于资本市场类。

在金融机构所有制结构上，对济南各类银行网点按照银行所有制类型进行分类统计（见表 6－1），可以发现，大型国有商业银行网点始终占据主导，但所占比例显著降低，从 2000 年的 85.3% 降至 2023 年的 44.8%，其中邮政储蓄银行网点增长显著，成为济南市网点数量最多的银行；随着农信社改革和县域经济、农村经济发展，农商行网点数量增长显著，2023 年占比提高至 22.8%，其中济南农村商业银行这一家农商行的分支网点占农商行总网点数的 48.7%；城商行和股份制银行网点增长也较为显著，前者占比从 2000 年的 8.2% 增长至 2023 年的 14.4%，以属地银行齐鲁银行为主，2023 年占比仍高达 38.5%，后者占比从 2000 年的 4.4% 增长至 2023 年的 14.3%，但各股份制银行网点数量较为平均，民生、兴业和招商银行网点相对较多，恒丰银行作为属地股份银行，在银行网点数量上不具备优势；村镇银行网点数量较少，且发展较晚，2011 年 3 月济南才成立第一家村镇银行莱芜珠江村镇银行股份有限公司，2023 年网点数量仅 49 家；另外外资银行、政策性银行网点也较少。

表 6－1　2023 年济南各类型银行网点数量占比

银行类型	国有商业银行	股份制银行	城商行	农商行	村镇银行	外资银行	政策性银行
数量占比（%）	45.15	14.23	14.23	22.71	2.79	0.28	0.56

另外，各保险机构网点数量也有一定差异，中国人寿和中国人保两大国有保险集团始终占据主导地位，但所占比例有所降低，从2000年近100%的比重降至2023年的31.9%，中国太平洋、中国平安网点占比也相对较高，而属地保险公司的网点数量不占优势；各证券机构网点数量相差不大，其中属地证券机构中泰证券占11.3%。

在金融机构股权结构上，济南一些主要金融机构股权大多分散于各产业集团。例如，2023年底，齐鲁银行股权分散于澳洲联邦银行、济南城投、兖矿能源、济钢、重汽等14家股东，无实际控制人；中泰证券股权分散于枣庄矿业、莱钢、山东高速集团等12家股东。这一股权结构的分散化现象将对济南金融机构未来发展带来一定挑战。

（二）金融资产结构

1. 银行业资产结构

在存款结构上，2000年以来，济南市住户存款比重起伏波动大，呈先波动下降再波动上升的趋势，尤其是2017年后增速明显，2022年比重达到40.0%，达到21世纪以来最高水平，主要源于居民购房和消费增速放缓，但仍低于全省平均水平，在16个地市中也居于最低水平。

在35个城市中（见图6－10），按住户存款比重从低到高排列，济南居第16位，居中游水平，且和2010年相比，比重增长显著，增速仅低于东北地区的沈阳、大连、长春、哈尔滨及天津。

在贷款结构上，2000年以来短期贷款比重有所下降，中长期贷款比重有所上升，2022年增长至44.9%。另外，票据融资、融资租赁在各项贷款中的比重在波动中上升，但上升趋势不明显。

基于《山东金融年鉴2022》，对2021年济南市不同类型银行的存、贷款占比进行统计，进一步揭示银行业资产结构（见表6－2）。可以发现，济南市存款较为集中，国有银行存款占总存款比重达44.9%，和网点数量占比一致，略低于山东省平均水平，其中储蓄存款占比更高，占比为48.2%；城商行占比达23.9%，显著高于山东省平均水平，其中属地银行齐鲁银行和莱商银行占城商行存款总额的51.3%和22.9%；股份制银行占比为21.9%，其中

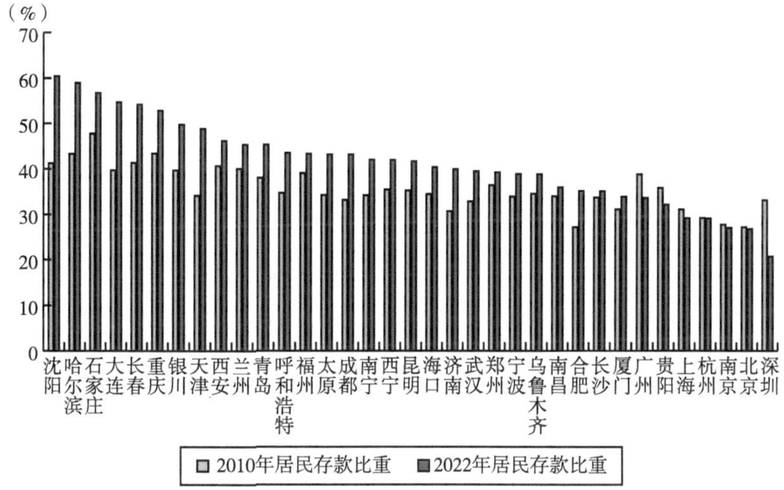

图 6－10　2010 年、2022 年各城市住户存款比重

招商银行存款占比相对较高，恒丰银行存款规模不占优势；农商行占比为 7.4%，显著低于山东省平均水平，而村镇银行、外资银行和储蓄银行存款占比较低。贷款相对分散，国有商业银行贷款总额居首位，比重为 36.8%，政策性银行贷款占比显著高于其存款占比，占比高达 18.9%，显著高于山东省平均水平，其中国家开发银行贷款占政策性银行贷款的 95.2%；城商行贷款总额占比则显著低于其存款占比，占比为 18.9%，其中属地银行齐鲁银行和莱商银行占城商行贷款总额的 47.0 % 和 23.0%，股份制银行和农商行贷款占比也略低于存款占比，村镇银行、外资银行和储蓄银行贷款占比较低。

表 6－2　2021 年济南市本外币各项存、贷款分机构占比

银行类别	存款占比（%）	贷款占比（%）
国有商业银行	44.90	34.18
政策性银行	2.49	23.14
股份制银行	20.48	18.39
城商行	23.68	17.72
农商行	7.76	5.90
村镇银行	0.47	0.33
储蓄银行	0.07	0.01
外资银行	0.16	0.33

2. 保险业资产结构

在保费收入结构上，2000 年以来，人身险保费收入始终占据主导地位，所占比重在 70% ~80% 波动，2022 年为 75.91%，高于全省平均水平。

在人身险保费收入结构上，人寿保险保费收入始终占据主导，但所占比重有所降低，2022 年降至 73.4%，而随着居民收入的增加、人口老龄化加剧、居民潜在医疗保障需求增多和社会保障制度改革不断深化，健康险保费所占比重呈快速增长趋势，所占比重从 2010 年的 6.8% 增长至 2022 年的 24.9%。

在财产险保费收入结构上，机动汽车保险始终占据主导，但所占比重显著降低，所占比重从 2010 年的 80.5% 降至 2022 年的 49.7%；信用保证保险市场呈现出不断增长的态势，所占比重从 2010 年的 1.6% 提高至 2022 年的 10.2%，高于全国和全省平均水平，在全省仅低于青岛，在 35 个城市中居第 9 位，不断增长的信用保证保险一定程度上能够解决小微企业、“三农”企业融资难问题，但带来保费的同时还蕴藏风险，导致保险公司赔付支出的增加；农业保险也有一定增长，所占比重从 2010 年的 0.7% 提高至 2022 年的 2.9%。

3. 证券业资产结构

在证券交易的品种结构上，2000 年以来，股票交易额始终占据重要地位，占济南市证券总交易额比重波动明显，2022 年为 59.3%，相较于 21 世纪初期有所降低。债券、基金所占比重在波动中呈增长趋势，尤其是债券增长显著，2018 年甚至赶超股票跃居首位，2022 年有所下降，为 34.2%。

在上市公司内部结构上，济南市上市公司所属行业长期以来以制造业为主，且数量增长较为显著，从 2000 年的 2 家增长至 2023 年的 20 家，内部行业结构也更加多元，以装备制造行业为主的同时囊括电子信息、生物医药、原材料工业等细分行业类型；信息传输、软件和信息技术服务业上市公司数量也不断增多，尤其是 2020 年以来增长显著，2023 年增长至 7 家，赶超批发和零售业跃居为济南上市公司第二大行业；科学研究和技术服务业及金融行业上市公司数量增长也较多。另外，在市值规模构成上，2023 年底仅山东黄金一家上市公司市值破千亿元，在中国内地上市企业市值中排名第 157 位，华电国际、浪潮信息和中泰证券市值也较高，在中国内地上市企业市值中分别排名第302位、第305位和第310位，其他上市公司市值以100亿元以下为主，市值规模总体偏低。

4. 金融业总资产结构

以银行存贷款余额、保费收入和股票市值分别表征银行业、保险业和证券业资产，对济南金融资产结构进行测度（见图6－11）。银行业资产始终占据济南市金融资产主导地位，2022年占全部资产比重高达88.9%，相较于2010年变化不大，在35个城市中处于中等水平，显著高于北京、上海、深圳、广州、杭州、长沙、南京、西安等城市，金融资产结构相对单一。

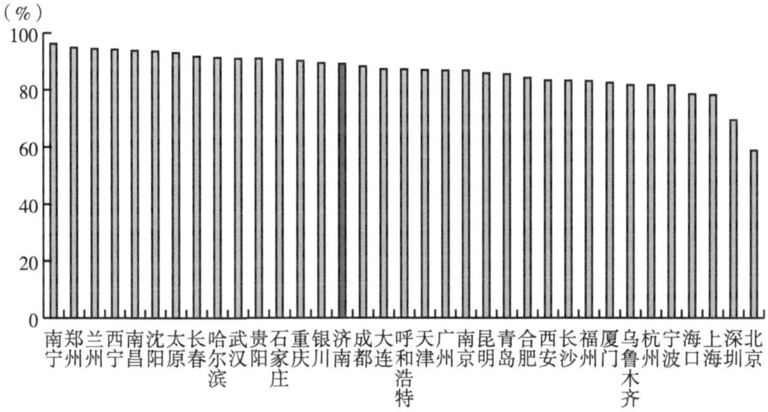

图6－11　2022年各城市银行资产占银行业、保险业与证券业总资产比重

三、金融功能

（一）银行业

2000年以来，济南贷存比起伏波动大，总体呈上升趋势，尤其是2015年以后增长趋势较为显著，2022年济南贷存比为0.95，高于全省平均水平，省内仅低于贷存比高于1的青岛和日照，在35个城市中居第26位，信贷资金支持地方经济建设功能仍有一定潜力空间。

银行业资产与GDP的比值呈增长趋势，2022年增长至4.21，在全省高居首位，在35个城市中居第26位（见图6－12），落后于银行业资产规模排名。

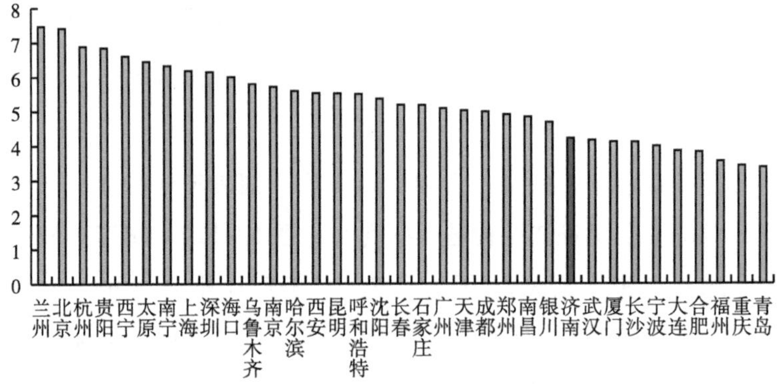

图 6－12　2022 年各城市银行业资产与 GDP 的比值

（二）保险业

济南保险赔付支出在全省虽位居前列，但保险赔付比率始终偏低。尽管 2000 年以来保险赔付比率在波动中上升，2022 年度增加至 30%，但仍居全省末位，在 35 个城市中居第 27 位（见图 6－13），相对偏低。

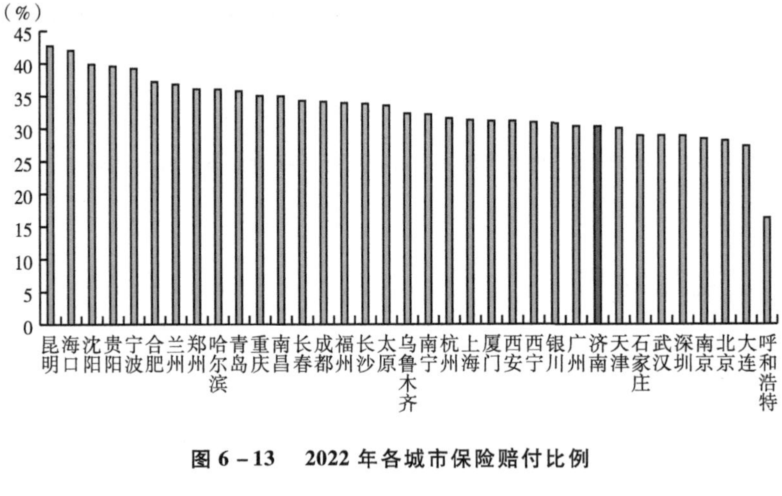

图 6－13　2022 年各城市保险赔付比例

保险业资产与 GDP 的比值也呈增长趋势，2022 年增长至 0.05，在全省高居首位，在 35 个城市中居第 13 位，和保险业资产规模排名较为一致，但保险业与 GDP 比重始终显著低于银行业和证券业资产占 GDP 比重，保险深度不足，居民保险素养仍待提高。

（三）证券业

济南证券化率呈波动增长趋势，2022 年为 47%，在 35 个城市中居第 23 位（见图 6－14），处于中游水平，亦落后于证券业资产规模排名，济南市资本市场发展水平和运行效率有待提高。

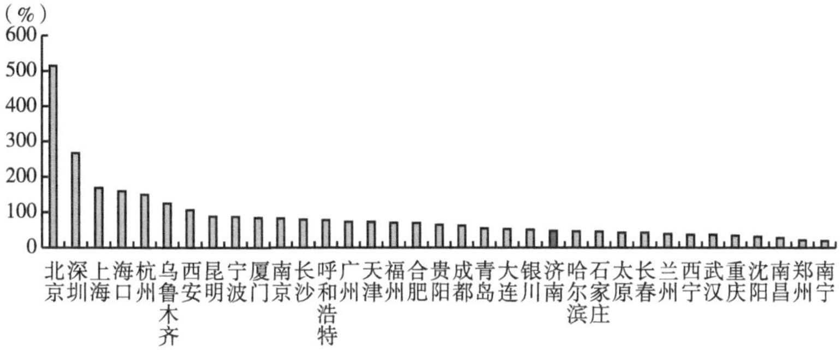

图 6－14　2022 年各城市证券化率

（四）金融业

2000 年以来，济南金融业增加值稳步增长，年均增速 15.4%，在国民经济发展中的地位也显著提高，2022 年金融业增加值占 GDP 比重从 2000 年的 4.1% 增长至 8.6%，金融业的支柱地位越发凸显。但与同等城市相比，金融业占比仍相对较低（见图 6－15），在 35 个城市中居第 28 位，金融业综合实力和支柱地位仍待进一步巩固和提升。

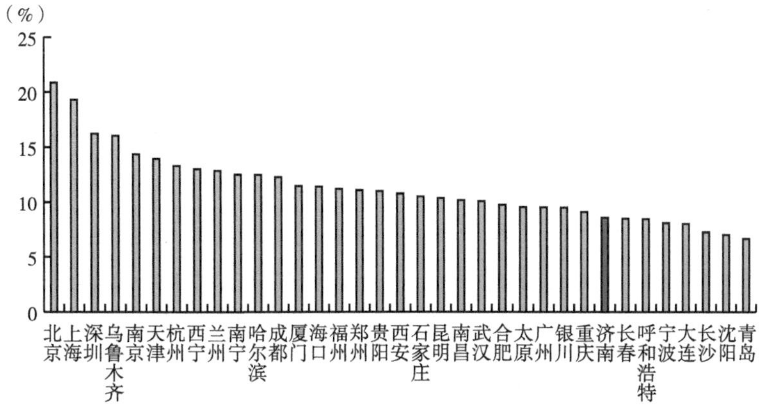

图 6－15　2022 年各城市金融业增加值占 GDP 比重

2022 年济南市金融相关比率为 4.74，在 35 个城市中居第 29 位，处于下游水平，表明济南金融深化程度不高，经济货币化进程仍有较大发展空间，金融体系建设仍待加强。

四、金融保障

在金融基础设施建设上，各类交易市场规范发展，拥有山东产权交易中心有限公司、山东文化产权交易所等权益类交易场所，但缺乏区域性股权交易市场。山东辖区内 2 家区域性股权市场即齐鲁股权交易中心和蓝海股权交易中心分别位于淄博和青岛，虽然齐鲁股权交易中心于 2022 年在济南设立分公司，但济南作为省会城市在多层次资本市场体系建设上仍待提升。金融数字化发展提速，立足大数据、云计算、区块链等新技术发展契机，搭建了全市统一的政务区块链平台——“泉城链”，着力推进个人和企业政务信息在金融领域的应用，建设推广以山东省融资服务网络平台、银税互动融资服务平台、数字金融“一贷通”、泉融通·济南市综合融资服务平台、济南市数字金融赋能平台、泉城科创交易大平台等为代表的线上综合性金融服务平台。金融信用环境伴随着征信系统的建设也有一定提升，2019 年全国中小企业融资综合信用服务平台落地济南，负责全市各类金融机构、中小微企业入驻国家“信易贷”平台，探索破解中小微企业“信息不对称、信用不充分”等突出问题的有效路径。但“信用济南”品牌建设仍有较大发展空间，济南“泉城分”个人信用分应用落地仍待加强。

金融人才集聚效应逐渐凸显，济南近年来特别注重金融科技人才的培育与引进，如开展每年度金融高端人才、青年人才的推荐选拔，并对济南市金融高端人才入选者给予一次性政府补贴 10 万元，对济南市金融青年人才入选者在管理期每人每月享受市政府补贴 1000 元；出台金融人才的引进政策，给予其安家补助、工作性补助和子女入学绿色通道服务，分层次引进培养一批紧缺型金融人才、领军型金融人才，金融高级管理人才和金融高级专业人才，打造产业金融人才特区。但相比于杭州、南京等同级别城市，执行和落实金融人才留济的优惠政策方面仍处于一定劣势。

济南金融科技创新呈现出蓬勃发展的态势，有效推动科技金融深度融合，尤其是2021年11月获批全国首个科创金融改革试验区以来，着力构建多层次、专业化、特色化的科技金融体系，坚持精准撮合，推出“科创贷”“投联贷”“科融贷”“北交所科技上市贷”“瞪羚科技贷”等一系列科创企业专项信贷产品，提高科创企业获贷率；深入推进企业上市倍增行动计划，支持科创企业对接多层次资本市场；强化数字赋能，引领科技金融技术突破与场景拓展；加快中央商务区、中央科创区等重点片区建设，带动优势资源加速集聚，形成功能突出、错位竞争、集聚发展的良好态势。

济南市金融中心建设和金融高质量发展得到了各级政府的支持。在中央层面，2016年7月国务院批复了《济南市城市总体规划（2011—2020年）》，将济南定位为环渤海地区南翼的中心城市，并明确提出要将济南打造为全国重要的区域性金融中心。在省级层面，2020年12月，山东省委明确提出实施“强省会”战略，当前“强省会”建设更是步入关键期和紧迫期，金融行业的发展也迎来了新的机遇。在市级层面，2017年济南市出台《关于加快济南产业金融中心建设的实施意见》，2021年出台《济南市“十四五”金融业发展规划》，明确指出“到2035年建成全国重要的区域经济中心、科创中心、金融中心、贸易中心、文化中心”，另外，济南依托省会城市的政治资源优势，不断密切与驻济金融监管部门、省地方金融监督管理局及相关省直部门的沟通联系，金融改革创新持续深化，再贷款及再贴现等货币政策工具、民营及小微企业信贷政策不断推陈出新，并结合后疫情时代经济发展的新特征，陆续出台针对性金融细化措施，不断提升金融服务支持保障作用。

随着我国金融改革开放持续深化，济南金融对外开放环境也不断优化，自贸试验区和科创金融改革试验区的落地为济南扩大金融高水平开放和金融开放创新提供强有力空间载体。具体而言，在外资银行上，济南拥有东亚银行、汇丰银行等5家外资银行分支机构，在数量上显著低于聚集14家外资银行的青岛，和武汉、成都等中西部省会城市相比也有一定差距。在跨境投融资方面，济南外币存贷款余额稳步增长，2022年底，外币存、贷款余额分别为351.5亿元和1034.3亿元，但占存、贷款余额总额的比重较低，分别为1.4%和4.0%，与青岛相比显著偏低；2010年济南市开办跨境人民币结算业务，围绕国企、央企等重点类型企业以及对外承包工程等重点领域开展“一对一”政策宣贯并建立常态化辅导机制，不断创新政策扶持手段、探索跨境使用场景，2022年济南市跨境人民币收付额共计实现850.2亿元；2022年济南实际利用外资31.4亿美元，次于青岛，居全省第2位，和第3位烟台相比优势不突出，但济南境外投资额高居全省榜首，对外经济合作水平有所提升。

第二节　济南金融支持经济高质量发展能力研究

一、绿色金融

（一）绿色金融产品体系

多层次、立体化的绿色金融产品体系日益丰富。人民银行济南分行作为济南金融机构发展领头羊，不断健全完善发展绿色金融的政策体系，鼓励金融机构深化绿色金融产品创新，不断丰富多层次、立体化的绿色金融产品体系。例如，属地银行齐鲁银行积极探索基于碳排放权、排污权、用能权、用水权等各类环境权益的融资工具，推出能效益贷、低碳益贷、碳易（E）贷、文旅易贷、绿色碳惠贷、光伏贷等绿色金融产品，2023年全行绿色贷款余额超过240亿元，并顺利发行绿色金融债40亿元；农业银行济南分行以总行绿色金融研究院在济南宣布成立为契机，创新构建绿色信贷、绿色债券、绿色投行、碳金融等绿色金融产品体系，为泉城济南生态文明建设和经济可持续发展提供强有力支撑；中信银行济南分行先后推出“红+绿”北京金融资产交易所债权融资计划、绿色信贷并购贷款、碳中和债券等多项创新产品，建立差异化定价机制，在满足客户需求、获得客户认可的同时，有效提升绿色金融专业能力和行业影响力，探索并打通多条绿色金融发展的新路径。

另外，各类保险与证券机构也深耕绿色金融，完善绿色金融产品体系和服务模式，全方位、多途径满足各级政府及企业的绿色金融需求，例如，鼎和保险济南中心支公司，在服务绿色金融、绿色产业及绿色科技等方面开展一系列积极探索，不断完善绿色能源保险服务体系，为助力推动经济社会发展全面绿色转型发挥金融优势；属地保险公司泰山保险积极创新绿色保险产品服务，围绕促进环境污染防治、保护绿色资源和生态环境、保障绿色产业发展开发多款绿色保险产品，险种涉及指数保险、责任保险、保证保险和财产保险；中泰证券深耕新能源、节能环保等绿色低碳产业，积极探索创新绿色融资产品，2021 年发布“双碳”行动计划，强化“双碳”产品创设、引入及销售，但承销（或管理）绿色公司债券（含资产证券化产品）仍相对较少。

（二）绿色产业金融支持

对节能节水、清洁能源、污水处理等绿色产业的金融支持不断强化。一方面，银行、证券、投资公司等各类型金融机构不断加大对绿色产业发展的支持力度。例如，2022 年 9 月，莱商银行为山东嬴城控股集团有限公司发放“可再生能源补贴确权贷款”1900 万元，该笔业务是莱商银行在绿色金融业务发展中的有效尝试，也是济南市首笔“可再生能源补贴确权贷款”；2022 年 5 月，首单森林碳汇价值保险在济南市钢城区试点落地，安华农业保险山东分公司为棋山国家森林公园 2380 亩的公益林提供 47.6 万元的碳汇价值风险保障，填补了山东森林碳汇保险的空白；2022 年 8 月，山东自贸试验区济南片区省属国企山东能源集团有限公司在上海证券交易所成功发行公司债券（低碳转型挂钩债券）（第一期），是山东省首单低碳转型挂钩公司债券；2023 年 2 月全球首只利用国际组织资金设立的符合国际绿色标准的股权投资基金即山东绿色发展基金落地济南，重点投资节能减排、先进材料、绿色智造与高端装备、AI + 绿色、环境保护与治理、清洁能源、循环经济、基础设施建设等领域。

另一方面，政府对于绿色产业发展的奖补政策体系不断完善。例如，2020 年 3 月发布《关于促进济南绿色建设国际产业园发展十条政策》，对入驻先行区的绿色建筑相关企业给予财政税收、科技研发、人才、上市挂牌等方面的奖补；2021 年 6 月发布《关于加快建设工业强市的若干政策措施》，指出支持企业绿色发展，明确了对新能源汽车产业、绿色工厂培育和绿色园区、生态工业示范园建设的奖补细则。另外，财政支出作为政府实施宏观调控的有效手段，济南市政府对于节能环保领域的财政支出近年来一致位居全省前列，通过直接投资、专项资金、财政补贴或政府采购，增强绿色低碳产业高质量发展的财政保障能力。但济南市节能环保支出占一般公共预算支出的比重排名相对落后，2022年比重为2.1%，处于全省中游，在35个城市中也处于中游水平（见图6-16）。

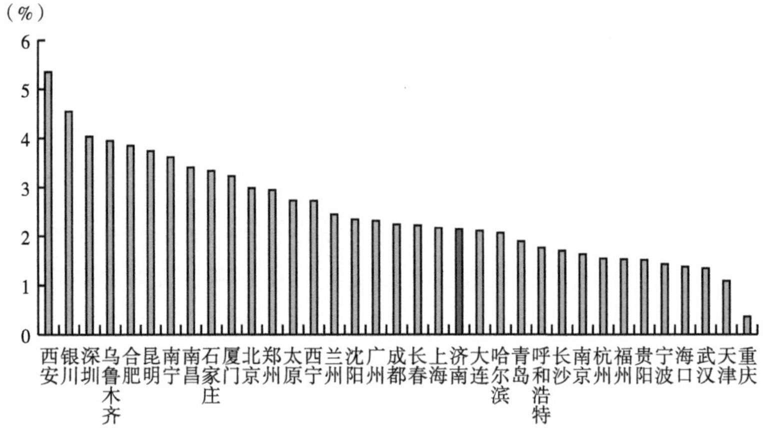

图6-16　2022年各城市节能环保支出占一般财政支出比重

（三）绿色金融空间载体

绿色金融发展空间载体建设取得良好成效。近年来，以山东自贸试验区济南片区和新旧动能转换先行区为两大核心片区积极探索发展绿色金融。山东自贸试验区济南片区在落实“双碳”目标方面先行先试，引导片区金融资源更多配置到绿色发展领域，推动金融工具与绿色发展有机结合，不断探索绿色金融发展的有效路径和创新实践，为服务国家“双碳”目标贡献自贸力量。新旧动能转换起步区致力于创新绿色金融发展模式，充实绿色项目库，围绕“碳达峰碳中和”开发金融支持工具，加大对生态产品价值实现、生态产品价值异地转化等重点领域的金融支持，探索生态农产品收益保险和绿色技术研发保险等产品创新。

二、普惠金融

（一）普惠金融政策支持

济南市将发展普惠金融、服务民营及小微企业作为重要任务目标，全面推进普惠金融高质量发展。例如，深入推进政银企联动，引导驻济银行推出有针对性的信贷产品，并依托金融辅导员制度，建立“政金企”合作机制，缓解民营和小微企业融资难题；充分发挥政府性融资担保机构作用，指导济南融资担保集团发挥政府性融资担保体系优势，创新推出“济担—科创贷”“济担—纾困贷”“济担—攀登贷”等系列产品，为民营及小微企业提供增信支持；持续推动农业保险“扩面、增品、提标”，对政策性农业保险进行资金补贴，2021 年，济南政策性农业保险获得各级财政补贴资金 9.73 亿元，为降低农业生产风险、稳定农民收入发挥积极作用；充分发挥小额贷款公司在服务“三农”和中小微企业发展中的资金支持作用，济南市地方金融监督管理局积极支持小额贷款公司拓宽融资渠道，破解融资难题，鼓励有条件的小额贷款公司探索通过银行间市场、证券交易市场或证券公司柜台交易发行资产证券化产品；依托济南科创金融改革试验区建设，通过设立科创金融专营（特色）机构，积极探索科创金融服务民营及小微企业新路径。

（二）普惠金融产品体系

驻济金融机构不断加大对普惠金融重点领域的信贷投放力度，普惠金融产品不断创新。例如，2022 年 11 月，中信银行济南分行与济南市医疗保障局合作，推出基于医保结算大数据的两定医疗机构专属金融产品——医保 e 贷，致力于支持小微定点医疗机构可持续发展；天津银行济南分行积极开展“进社区、进园区、进企业、进商圈（市场）、进机关”等“五进”专项活动，多措并举，重点宣传金融支持实体经济、支持小微普惠、支持消费惠民等金融服务和开展金融纾困等政策；济南农商行推出“政银助微贷”“黄河滩建富民贷”“乡村旅游贷”等系列特色产品，注入服务乡村振兴“强心剂”；属地银行齐鲁银行坚守“服务城乡居民、服务中小企业、服务地方经济”的市场定位，尤其是 2017 年在山东省内法人银行中率先成立普惠金融部以来，不断深耕普惠领域，通过科技赋能和开发特色产品、加大 FTP 定价优惠、优化审批流程、健全风险缓释机制等举措，增强广大小微企业融资获得感，截至 2022 年底，普惠型小微企业贷款户数达 5.9 万户，普惠型小微企业贷款余额（银保监会口径）486.2 亿元。

保险公司主要围绕服务乡村振兴，积极推动政策性农业保险扩面、增品、提标，大力发展地方特色农业保险，创新农险模式，加大保险服务供给，增强农业抵御风险能力。例如，2022 年中华联合财产保险股份有限公司济南中心支公司对起步区大桥街道、崔寨街道、孙耿街道、太平街道 4 个街道小麦进行了承保，中国人寿财产保险股份有限公司济南中心支公司对起步区玉米进行了承保。证券公司积极响应中国证监会“一司一县”“证券行业促进乡村振兴公益行动”倡议，探索证券行业践行普惠金融的新路径。属地证券公司中泰证券高度重视省内外贫困地区的脱贫攻坚工作，2018 年向山东省扶贫开发基金会定向捐赠 1000 万元，用于山东省内深度贫困地区精准脱贫，2021 年与山东省新动能基金公司、齐鲁股权交易中心共同发起设立山东省中小企业投融资联盟，为中小企业进入资本市场搭建全方位、全流程、全生命周期的综合服务平台，2022 年与济南市财政投资基金控股集团共同发起设立山东中小企业基金，募集资金投向试验区科技含量高的初创型、创新型中小企业。

（三）小微金融机构

村镇银行作为服务客户最基层、支农支小特色最突出的“微小银行”取得较快发展，自 2011 年济南首家村镇银行即莱芜珠江村镇银行成立以来，截至 2022 年 9 月，济南拥有 10 家村镇银行共 49 个营业网点。各村镇银行在风险可控、操作合规的前提下，积极创新信贷产品，拓宽授信渠道，坚持走差异化、特色化发展道路，为广大农户和个体户等小微客户提供更多、更新、更惠的信贷选择。但济南市 2022 年每万农民所拥有的村镇银行网点仅 0.21 个，与每万人拥有 1.91 个银行网点相差较大。

小额贷款公司也取得稳步发展，坚持“支农、支小、支微”的市场定位，按照“小额、分散”的原则对小微企业、农民、城镇低收入人群等普惠金融重点服务对象提供全方位、个性化的金融服务，2022 年，累计发放贷款 150 亿元，同比增长 38.9%；同时积极拓宽融资渠道、创新融资方式，2022 年 6 月山东国惠小额贷款有限公司发行济南首单小贷 ABS，规模 3.4 亿元，是济南市小贷公司首次对接资本市场进行的直接融资，也是自小贷公司发行资产证券化产品实行审批制以来山东省小贷行业第一笔经监管部门正式批复发行的资产支持证券化产品。截至 2022 年底，济南全市 39 家小额贷款公司在数量上略少于青岛，在 35 个城市中处于下游水平（见图 6 - 17）。

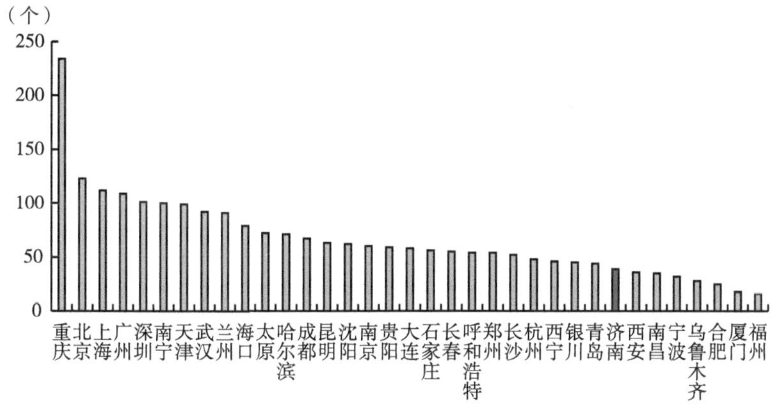

图 6－17　各城市小贷公司数量

三、产业金融

（一）产业金融政策支持

2016 年，济南市委、市政府确定将济南打造成“具有全国影响力的产业金融中心”，在产业金融领域深耕多年，产业金融中心建设成效初步显现。中央商务区“金融城”、汉峪金谷、山东新金融产业园“一城一谷一园”的金融空间布局初具雏形；山东土地产业金融示范园、济南国际金融城产业金融集聚区建设取得良好成效，正加速崛起成为京沪之间区域性现代金融高地，为产业金融发展提供广阔空间和丰厚沃土；“中国（济南）产业金融国际论坛”连续几届成功举办，不断提升济南产业金融中心的社会影响力；企业金融风险防范化解、防范非法集资宣传、互联网金融风险专项整治持续深化，金融风险防控形势总体保持稳定。

（二）产业金融人力资本

2020 年，由山东产业技术研究院、齐鲁工业大学（省科学院）共同发起的山东产研金融科技研究院成立，积极开展大数据信用评价、智能风控、区块链供应链金融等前沿技术的应用研究与成果转化，在产业供应链金融、科创金融、普惠金融，特别是在区域特色产业集群供应链金融、基建行业供应链金融、内外贸一体化新型跨境贸易融资与支付结算及金融监管等领域已取得20余项成果并实现产业化；同年，由历下区与山东大学共同搭建的山东大学金融发展研究院成立，主要围绕中央商务区发展、产业金融等金融发展核心问题开展科学研究及研究成果应用转化。

（三）供应链金融发展

济南市积极推动供应链金融发展，鼓励金融机构搭建供应链金融服务平台，打造供应链金融生态圈，助力产业链高质量发展。例如，齐鲁银行以“强联系、稳贸易”为核心，发力供应链金融创新，打造核心企业、供应商、海关等多主体参与的“联盟链”，为小微企业打通经营数据交叉验证渠道，构建互信共赢的供应链新生态；济南农商行积极对接辖区内省、市级以上农业龙头企业、品牌影响力大的标杆性农业产业化企业，以“产业链贷款”“订单融资”等作为突破口，签订“主办银行”协议，实现“以大带小、金融串联、链式效应”的扶持效果；北京银行济南分行契合山东省制造业发达、企业广泛采用票据结算的需求，推动创新型票据产品——供应链票据，同时顺应自贸区济南片区不断增多的跨境贸易需求，上线（山东）国际贸易“单一窗口”地方金融服务。

产业链核心企业依规设立商业保理公司等非银金融机构，积极对接中征应收账款融资服务平台等供应链金融服务平台，开展供应链金融业务。济南金控商业保理、坤尚商业保理、山高云创（山东）商业保理等商业保理公司稳步发展，2022年，22家纳入监管名单且正常经营的商业保理公司发放保理款余额61.15亿元。在商业保理公司数量上，济南在山东省内位居前列，在35个城市中也位居前列，有效促进了核心企业上下游企业账款的融通，解决了供应链上下游企业资金困境。

四、科技金融

（一）科创金融改革试验区

2021年11月，济南市获批建设全国首个科创金融改革试验区，被赋予在科创金融改革领域先行先试的重任，也为金融更好地服务科创企业提供平台。济南着力建设中央商务区（CBD）和中央科创区（CTD）两大增长极，集中优势资源实施重点突破，其中CBD片区建成济南科创金融大厦、山东省科技金融增信服务平台、三大证券交易所及全国股转系统“四合一”资本市场服务山东基地等科创金融平台，CTD片区积极打造“园区通”科创金融智慧服务平台，推动重汽、浪潮等龙头企业设立投资部门或专营投资机构，利用自有资金投资产业链上下游企业。高度重视创新金融服务模式的探索，推动知识产权质押、科技成果转化、投贷联动协同发力，山东省首单科创票据、首单科技园区CMBS、首单知识产权融资租赁业务、首单“数字经济”主题公司债券成功落地，本外币合一银行结算账户体系试点、数字人民币试点相继获批，截至2023年末累计发放“科创贷”97.9亿元、办理“科创贴”83.17亿元。

（二）科技金融产品体系

加强科技金融机构建设，在全国率先探索制定以“六专机制”为核心的科技金融机构建设指引和评价标准，认定科技支行10家、科技金融事业部（专营部门）3家、科技金融特色机构9家，不断健全科技金融组织体系。引导金融机构创设科技金融专属产品，不断创新丰富科技金融服务，共推出“科创贷”“投联贷”“科融贷”“北交所科技上市贷”“瞪羚科技贷”等近70项科创企业专项信贷产品，截至2023年底实现融资支持超102亿元；保险机构积极开展创业保险和高层次人才保险试点，开发首台（套）重大技术装备保险、新材料首批次应用保险、首版次高端软件研发及推广应用等创新型产品。例如，人保财险山东省分公司通过“三首”保险为济南市高端装备、新材料、创新型科技型企业提供风险保障超过22亿元；济南市融资担保集团等金融机构创新“济担—科创贷”“专精特新贷”等科创担保产品，截至2023年9月末，服务科创企业1999家，担保金额23.44亿元。

（三）科技产业金融支持

科技产业发展的政策支持持续加码。为更好地支持和服务高层次人才和其长期所在企业开展科技成果转化和创新创业活动，济南市财政对银行开展“人才贷”形成的不良贷款给予补偿，截至2023年底，为25家银行备案

"人才贷"7.49亿元；济南市科技局在科创金融风险补偿金贷款、创新科技金融服务模式、推动科技成果转移转化等方面取得一定突破，为科技型中小企业贷款金额、服务企业家数和备案金额三大指标均列全省首位；支持企业发行科创类债券，截至2023年底，济南市共有3家企业累计发行11笔科创票据，实现融资108亿元，有1家企业发行科技创新公司债券，实现融资5亿元；加大对科创企业上市支持，将企业上市的补助由800万元提高至1000万元，截至2022年底，济南市科创板上市企业数量已达6家，和青岛并列山东各城市之首，在35个城市中居第12位（见图6-18）。

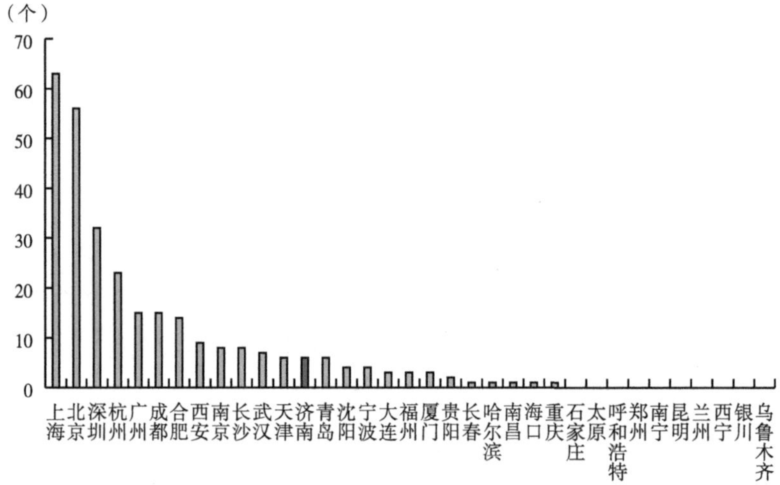

图6-18　2022年各城市科创板上市公司数量

第三节　济南金融产业空间格局研究

一、微观尺度济南金融企业空间布局演化

（一）全类型视角下济南金融企业的空间布局演化特征

对2000年、2010年和2023年济南各区（县）金融企业数量进行统计（见表6-3），可以发现济南金融企业空间分布不均衡。

表 6-3 2000 年、2010 年和 2023 年济南各区（县）金融企业数量与密度

区（县）	2000 年		2010 年		2023 年	
	数量（个）	密度（个/km^2）	数量（个）	密度（个/km^2）	数量（个）	密度（个/km^2）
历下区	183	1.68	387	3.83	1409	13.95
市中区	109	0.39	205	0.73	660	2.35
槐荫区	73	0.49	119	0.79	391	2.57
历城区	73	0.05	162	0.12	1463	1.12
天桥区	69	0.28	98	0.39	346	1.34
莱芜区	44	0.03	194	0.11	403	0.23
章丘区	40	0.02	103	0.06	448	0.26
长清区	27	0.02	73	0.06	165	0.14
平阴县	18	0.02	66	0.08	124	0.17
济阳区	17	0.02	49	0.05	275	0.25
钢城区	15	0.03	62	0.12	95	0.19
商河县	10	0.01	74	0.06	174	0.15

2000 年，济南市金融企业数量较少，在空间分布上高度集聚在主城区，其中历下区金融企业网点数量最多，占全部网点的 27.0%，密度也显著高于其他区（县）；市中区网点数量也相对较多，占全部网点的 16.1%；外围县域金融机构网点相对较少，特别是商河、钢城、济阳和平阴等县域金融网点稀少，网点密度低，且主要分布在区（县）行政中心周边地域。2010 年，济南金融企业在原有空间格局基础上逐步向周边地域扩散，逐渐覆盖广阔的乡镇地域；商河、钢城、平阴等外围县域金融机构数量增速位居前列，除继续向区（县）行政中心周边地域集聚外，也开始向各中心镇扩散；主城区金融机构集聚效应仍较为显著，历下区新增金融机构的绝对规模居各区（县）首位，但增长速度相对较低，导致占全部网点的比重有所降低，降至 24.3%，天桥、槐荫两区金融网点增速也较缓慢，占全部网点的比值从 10% 左右降至 7% 左右。2023 年，金融机构数量显著增多，尤其是历城区金融机构迅猛发展，较 2010 年新增 1301 家，增速居各区（县）首位，占全部网点比重从 2010 年的 10.2% 增长至 24.6%，赶超历下区跃居首位，但金融网点密度仍显著低于历下区；济阳和章丘分别得益于先行区建设和产业园区建设，金融机构新增规模也较为显著；钢城、平阴、商河、长清等外围县域金融机构增速下降显著。

进一步运用平均最近邻指数（*NNI*）对济南市金融机构的空间分布格局进行分析（见表6-4）。结果表明，2000年、2010年和2023年济南市金融机构平均最近邻指数分别为0.226、0.174和0.122，数值小于1，且通过了1%的显著性水平，表明济南市金融机构为集聚分布，且集聚分布特征越发显著。

表6-4　　2000年、2010年与2023年济南市金融机构最近邻指数分析

年份	*NNI*	p值	分布类型
2000	0.226	0.0000	集聚
2010	0.174	0.0000	集聚
2023	0.122	0.0000	集聚

（二）不同类型视角下济南金融企业的空间布局演化特征

分别对济南市各区（县）货币金融服务、保险服务和资本市场服务三类金融机构网点数据进行统计（见表6-5），可以发现济南市不同类型金融机构均呈现空间不均衡态势，且高度集聚在中心城区，但空间格局具有一定异质性。货币金融服务网点向外围县域的扩散较早，2000—2010年，商河、平阴和钢城等外围县域网点数量增速位居前列，中心城区各区增速较慢；2010—2023年，一方面，外围县域金融网点增速仍较高，但增速高值区由商河、平阴和钢城转向了章丘和济阳；另一方面，历城、天桥等中心各区网点数量增速加快。保险业网点向外围县域的扩散相对较晚，2000—2010年，市中、历城等中心各区的增速位居前列，钢城、济阳、商河等外围县域增速较慢；2010—2023年，除继续向历城、槐荫等中心各区集聚外，济阳、商河、章丘等外围县域网点数量增速加快。资本市场服务业发展较为滞后，2010年之后其网点数量才逐渐开始快速增长，导致其网点发展仍处于向心集聚阶段，向外围县域的扩散仍不明显。

表6-5　　2000年、2010年和2023年济南各区（县）金融企业数量　　单位：个

区（县）	货币金融服务			保险服务			资本市场服务		
	2000年	2010年	2023年	2000年	2010年	2023年	2000年	2010年	2023年
历下区	158	230	467	12	100	260	4	33	343
市中区	101	134	280	2	51	129	5	14	140
槐荫区	67	86	193	4	25	79	0	3	50

续表

区（县）	货币金融服务			保险服务			资本市场服务		
	2000 年	2010 年	2023 年	2000 年	2010 年	2023 年	2000 年	2010 年	2023 年
历城区	70	94	303	1	52	177	0	7	691
天桥区	64	75	179	3	16	36	1	1	48
莱芜区	40	134	197	4	50	105	0	3	56
章丘区	36	49	181	2	45	110	0	3	112
长清区	25	33	99	2	38	47	0	0	4
平阴县	16	40	60	2	26	46	0	0	7
济阳区	14	24	89	3	24	75	0	0	63
钢城区	13	42	60	2	16	25	0	1	4
商河县	7	44	73	3	29	85	0	0	9

进一步运用平均最近邻指数（*NNI*）对济南市不同类型金融机构的空间分布格局进行分析（见表 6－6）。结果表明，2000 年以来，济南市货币金融服务和保险服务业网点始终为集聚分布，且集聚程度不断深化；资本市场服务网点空间分布类型有一定变化，2000 年由于网点数量较少，其分布带有一定的随机性，且未通过显著性检验，2010 年和 2023 年呈现集聚分布特征，且聚集程度深化显著，2023 年 *NNI* 达到 0.134，低于其他金融企业类型。

表 6－6　2000 年、2010 年与 2023 年济南市不同类型金融机构最近邻指数分析

指标	货币金融服务			保险业			资本市场服务		
	2000 年	2010 年	2023 年	2000 年	2010 年	2023 年	2000 年	2010 年	2023 年
NNI	0.240	0.211	0.171	0.277	0.248	0.191	1.044	0.274	0.134
p 值	0.0000	0.0000	0.0000	0.0000	0.0000	0.0000	0.7906	0.0000	0.0000
分布类型	集聚	集聚	集聚	集聚	集聚	集聚	随机	集聚	集聚

二、多尺度下济南对外金融联系网络演化格局

（一）经济圈视角下济南对外金融联系网络

基于银行、保险、证券等金融细分行业的金融机构总部—分支数据，借鉴 Taylor 提出的链锁网络模型，以县域为单元，对 2000 年以来省会经济圈的金融联系网络演化特征进行分析，并与省内胶东经济圈和鲁南经济圈进行比较分析。

1. 网络中心性分析

借助 UCINET 对各县域金融网络点度中心性进行测度，以此表征其金融联系强度，并采用全局莫兰指数（Moran's I）与变异系数对三大经济圈内部各县域金融联系强度的空间集聚性与差异性进行度量（见表 6－7）。

表 6－7 各细分行业下不同经济圈县际金融联系强度的空间集聚性与差异性测度

指标		银行			保险			证券		
		2000 年	2010 年	2020 年	2000 年	2010 年	2020 年	2000 年	2010 年	2020 年
Moran's I	省会经济圈	-0.041	-0.049	-0.004	-0.051	-0.013	-0.028	0.022	0.069	-0.018
	鲁南经济圈	-0.208***	-0.203***	-0.194**	-0.223***	-0.177**	-0.214**	-0.139**	-0.066	-0.057
	胶东经济圈	0.011	-0.018	-0.005	0.016	-0.022	-0.029	-0.041	0.019	-0.039
变异系数	省会经济圈	0.386	0.403	0.590	0.689	0.558	0.617	2.728	1.599	1.305
	鲁南经济圈	0.282	0.302	0.487	0.649	0.485	0.521	3.263	1.723	0.980
	胶东经济圈	0.357	0.450	0.568	0.607	0.531	0.540	1.820	0.993	1.014

注：*、**、*** 分别表示在 10%、5%、1% 的水平上显著。

结果显示，省会经济圈和胶东经济圈全域空间自相关分析结果较为一致，各行业全局莫兰指数的绝对值均小于 0.1，且均未通过显著性检验，呈现一定的随机性，这主要是由于各地市的核心—边缘结构突出，导致高值区分布的离散性，但得益于济南、青岛等地市中心城区的溢出效应，导致较高值区与高值区的邻近性，两因素共同影响下的空间分布呈现一定的随机性。但鲁南经济圈银行与保险行业始终呈现显著的空间负相关性，这主要是由于鲁南经济圈各核心节点银行与保险行业发展正处于高度的向心集聚阶段，核心—边缘结构显著，导致高值区与低值区离散互斥，而其证券行业得益于大部分外围县域陆续实现证券机构零的突破，从显著空间负相关逐渐转变为随机分布。

在三大经济圈内部差异上，省会经济圈各行业差异均最大，空间不均衡态势最为显著，胶东经济圈差异次之，鲁南经济圈各行业差异均发展至最低，呈低水平均衡；在演变趋势上，各经济圈银行与保险网络变异系数演变趋势保持一致，银行网络中心性差异呈增长趋势，空间均衡性逐渐低于保险网络；

保险网络发展的主导促进因素从大型保险公司的全域化扩张向中小型保险公司的等级扩张转变，导致保险联系强度的差异演变态势呈正“U”型；但证券行业存在一定异质性，省会经济圈和鲁南经济圈证券网络中心性差异呈降低趋势，胶东经济圈表现为先下降后上升的演变态势。

进一步采用首位度指数和位序规模法则对三大经济圈内部各县域金融联系强度的等级结构进行测度（见表6-8）。

表6-8　各细分行业下不同经济圈县际金融联系强度的等级结构测度

指标		银行			保险			证券		
		2000年	2010年	2020年	2000年	2010年	2020年	2000年	2010年	2020年
首位度指数	省会经济圈	1.463	1.485	1.398	1.017	1.439	1.453	2.000	1.788	1.913
	鲁南经济圈	1.000	1.083	1.011	1.093	1.005	1.002	1.000	1.000	1.014
	胶东经济圈	1.075	1.107	1.002	1.037	1.236	1.232	1.033	1.170	1.183
$\|q\|$	省会经济圈	0.298	0.309	0.461	0.568	0.448	0.480	4.359	5.830	4.485
	鲁南经济圈	0.205	0.233	0.375	0.994	0.422	0.432	2.440	5.517	4.819
	胶东经济圈	0.321	0.383	0.547	0.511	0.435	0.463	5.640	3.319	0.786

在首位度上，省会经济圈各行业首位节点始终为济南中心城区，首位度也最高，其中银行业首位度略有降低，东营中心城区的网络地位显著提高，由第4位上升至第2位节点；保险业首位度呈增长趋势，济南中心城区保险资源的集聚优势越发凸显；证券业首位度指数偏高，但略有降低。鲁南经济圈各行业首位节点不一，其中银行首位节点始终为济宁中心城区，保险与证券首位节点则均发展为临沂中心城区，但三行业首位度均很低。胶东经济圈各行业首位节点均发展为青岛中心城区，其中银行首位度始终较小，保险与证券首位度则呈增长趋势，青岛中心城区的集聚优势进一步凸显。在 $|q|$ 值的大小及变化趋势上，各经济圈银行网络中心性 $|q|$ 值均小于1，且始终呈增长趋势，表明银行视角下的县域网络规模分布较为松散，各层次节点发育较为齐全，但高层级节点发展速度快于中等层级节点；各经济圈保险网络 $|q|$ 值小于1，呈先降低后增长趋势；各经济圈证券网络 $|q|$ 值始终大于1，高等级节点突出，中小层级节点不发育，省会经济圈和鲁南经济圈呈先增长后降低趋势，胶东经济圈始终呈降低趋势，从5.640降至0.786，表明胶东经济圈证券网络中等层级节点的发育和成长相对较早。

2. 网络联系格局分析

2000年以来，各行业视角下各经济圈内部县际金融联系均取得显著增长，但各经济圈网络发育水平仍存在显著差异。胶东经济圈县际联系的平均值均最高，省会经济圈内部联系强度次之，鲁南经济圈始终处于末位（见表6-9）。

表6-9　各细分行业下不同经济圈县际间平均金融联系强度

指标		银行			保险			证券		
		2000年	2010年	2020年	2000年	2010年	2020年	2000年	2010年	2020年
平均联系值	省会经济圈	5.482	7.136	9.834	3.063	19.908	34.702	0.042	0.329	1.030
	鲁南经济圈	5.011	6.430	8.374	2.476	16.494	29.968	0.005	0.175	0.658
	胶东经济圈	6.291	8.756	16.217	4.904	27.778	47.229	0.163	1.010	2.350

对各经济圈内部各中心城区对外主干联系数量进行统计（见表6-10），结果显示，在银行主干网络方面，省会经济圈始终以济南中心城区为单核心，核心节点对外辐射范围广阔，但链入的外围县域数量呈降低趋势，导致德州外围县域劣势不断凸显；鲁南经济圈逐渐发展为以临沂及济宁2市中心城区为核心的星形网络，菏泽及枣庄外围县域大多始终孤立于网络之外；胶东经济圈多中心化趋势越发显著，核心节点不突出。在保险主干网络方面，省会经济圈逐渐转向以济南中心城区为核心的星形网络，多中心化减弱；胶东经济圈多中心化也减弱，青岛中心城区的单核心优势开始凸显；鲁南经济圈始终缺乏强辐射核心。在证券主干网络方面，省会经济圈发展为单核结构，济南中心城区对外辐射范围越发广阔；胶东经济圈从以青岛及烟台中心城区为核心的双核结构逐渐转变为以青岛中心城区为核心的单核结构；鲁南经济圈链入的节点数量始终较少，网络发育程度低。

表6-10　三大经济圈内部各地市中心城区对外主干联系数量　单位：条

区（县）	银行			保险			证券		
	2000年	2010年	2020年	2000年	2010年	2020年	2000年	2010年	2020年
济南中心城区	48	49	40	17	44	42	8	17	34
淄博中心城区	13	18	15	17	18	17	9	17	15
东营中心城区	7	18	17	17	16	12	6	17	14
泰安中心城区	13	14	13	17	17	17	7	17	14

续表

区（县）	银行			保险			证券		
	2000 年	2010 年	2020 年	2000 年	2010 年	2020 年	2000 年	2010 年	2020 年
聊城中心城区	7	16	15	16	15	15	6	17	14
德州中心城区	7	7	11	16	13	14	2	17	12
滨州中心城区	7	18	16	8	15	13	1	17	11
临沂中心城区	3	3	22	3	19	17	2	9	5
济宁中心城区	6	11	20	8	18	17	2	9	5
菏泽中心城区	3	6	12	3	10	13	0	9	5
枣庄中心城区	6	11	7	8	13	13	2	9	5
青岛中心城区	7	15	12	9	22	21	9	12	15
烟台中心城区	12	11	11	9	10	12	9	8	10
潍坊中心城区	4	12	10	9	9	10	6	8	10
威海中心城区	6	6	7	9	4	4	6	8	6
日照中心城区	4	4	6	4	4	4	6	8	4

（二）城市群视角下济南对外金融联系网络

基于银行、保险、证券等金融细分行业的金融机构总部—分支数据，借鉴 Taylor 提出的链锁网络模型，对 2000 年以来城市群视角下济南对外联系网络的演化特征进行分析，明晰济南在山东半岛城市群即山东省金融网络的地位和权力。

1. 网络中心性分析

对济南各县域点度中心性及济南市、山东城市群各县域平均水平进行统计（见表 6－11），结果发现，济南中心城区首位度优势显著，但济南市域内部各区（县）差异显著。济南中心城区始终为各行业首位网络节点，彰显了省会的政治资源优势和金融集聚优势，其中银行业首位度指数初期偏大，但伴随着青岛银行、潍坊银行等属地城商行异地扩张加速，济南中心城区的权力地位和控制调节能力有所降低，逐渐向青岛、临沂及潍坊等中心城区分散，呈降低趋势；保险业首位度指数始终最低，但呈增长趋势，这主要源于济南中心城区泰山财险、和泰人寿与德华安顾人寿 3 家本土保险公司的成立与发展，进一步提升了其主中心的权力地位，证券业首位度指数较高且变化不大，2020 年达到 1.42，居各细分行业首位。

表 6－11　　济南中心城区与外围县域网络中心性

区（县）	银行			保险			证券		
	2000 年	2010 年	2020 年	2000 年	2010 年	2020 年	2000 年	2010 年	2020 年
济南中心城区	1713	2396	3886	1062	7926	14408	90	404	1301
长清区	557	708	1018	268	2269	3184	0	0	0
章丘区	557	723	1345	330	2474	4371	0	63	118
济阳区	517	663	816	330	1788	3242	0	0	0
平阴县	517	663	791	268	1663	3043	0	0	99
商河县	517	663	746	268	1583	3168	0	0	0
莱芜区	1026	1193	1559	792	4174	6914	21	94	148
钢城区	517	659	756	268	1527	2337	0	63	99
济南市域平均	740	959	1365	448	2926	5083	14	78	221
城市群平均	613	792	1132	363	2304	4049	5	47	137

莱芜区凭借原地级行政中心的优势，各行业中心性始终居济南外围区（县）首位，其中银行和保险网络中心性在山东 16 地市外围区（县）中也始终居首位，但证券网络中心性增长乏力，2020 年低于胶州、龙口、寿光等外围县域。章丘网络中心性增速较快，2020 年居济南外围区（县）第 2 位，且银行和保险网络中心性也居所有外围县域前三甲，证券网络中心性相对较低，居所有外围县域第 16 位；其他外围区（县）网络中心性大多低于城市群平均水平，钢城、平阴和商河银行和保险网络中心性偏低，长清、济阳和商河证券网络中心性偏低，2020 年仍缺乏证券营业网点，其中济阳和长清 2 区曾开设证券营业部，但存续时间较短，均已注销或吊销。

另外，从网络中心性平均水平和空间差异看，2020 年济南各区（县）各行业网络中心性平均值均低于青岛，其中银行业网络中心性平均值更是低于威海与日照，居第 4 位；各县域各行业网络中心性变异系数在 16 地市中均最大，"核心—边缘"结构突出。

2. 网络联系格局分析

对各中心城区对外主干联系数量进行统计（见表 6－12），结果显示，济南中心城区在金融网络的核心地位突出，腹地广阔。从各细分行业看，银行主干网络始终呈现以济南中心城区为核心的单核结构，但其链入的鲁南经济圈与省会经济圈外围县域于2010年后显著减少，对外主干联系从110条降至70条，德州、菏泽等地市部分外围县域孤立于主干网络之外，东密西疏的网络格局越发凸显。保险主干网络早期核心节点不突出，各中心城区对外主干联系数量较为一致，伴随着济南和青岛中心城区属地保险公司的发展和保险资源的集聚，两中心城区的核心地位不断凸显，尤其是济南中心城区辐射范围广阔，2020年对外主干联系达96条。证券主干网络发育较为滞后，大部分县域未链入主干网络，其中济南、青岛及烟台中心城区对外主干联系数量较多，济南中心城区核心优势尤为显著。

表6－12　　各地市中心城区对外主干联系数量　　单位：条

区（县）	银行			保险			证券		
	2000年	2010年	2020年	2000年	2010年	2020年	2000年	2010年	2020年
济南中心城区	110	110	70	16	60	96	16	23	14
青岛中心城区	21	38	40	16	52	83	7	22	11
烟台中心城区	26	32	41	16	23	48	4	15	10
潍坊中心城区	16	36	42	16	21	46	2	15	8
临沂中心城区	16	17	42	16	18	48	1	15	8
济宁中心城区	20	35	41	16	19	48	1	15	8
淄博中心城区	20	30	41	16	17	45	3	15	8
东营中心城区	16	33	40	16	16	30	1	15	8
威海中心城区	20	26	39	16	17	39	1	15	8
聊城中心城区	16	17	36	16	16	39	1	15	3
泰安中心城区	16	16	31	16	17	44	1	15	3
菏泽中心城区	16	16	20	16	16	32	0	15	2
滨州中心城区	16	16	39	16	16	33	1	15	1
德州中心城区	16	16	23	16	16	42	0	15	1
枣庄中心城区	16	16	17	16	16	29	1	15	1
日照中心城区	16	19	40	16	16	27	1	15	0

从各区（县）首位联系流的方向来看（见表6－13），济南中心城区是各行业各节点首位联系的最集中指向地，网络辐射效应突出，腹地面积广阔。从各细分行业看，各节点银行业首位联系高度指向济南中心城区，但随着属地城商行的发展，首位联系节点于2020年显著增多，青岛及临沂等中心城区的优势开始凸显；各节点保险业首位联系越发指向济南中心城区，青岛中心城区则逐渐退至第2位联系节点；各节点证券业首位联系节点始终集中指向济南中心城区。

表6－13　　指向各地市中心城区的首位流联系数量　　单位：条

区（县）	银行			保险			证券		
	2000年	2010年	2020年	2000年	2010年	2020年	2000年	2010年	2020年
济南中心城区	112	112	100	111	109	112	16	48	83
青岛中心城区	1	1	5	111	29	4	9	9	6
烟台中心城区	0	0	1	91	0	0	2	1	0
淄博中心城区	0	0	2	91	0	0	1	1	0
临沂中心城区	0	0	2	57	0	0	0	0	0
济宁中心城区	0	0	1	91	0	0	0	0	0
威海中心城区	0	0	0	91	0	0	0	0	0
潍坊中心城区	0	0	0	91	0	0	0	0	0
德州中心城区	0	0	1	57	0	0	0	0	0
枣庄中心城区	0	0	1	57	0	0	0	0	0
东营中心城区	0	0	0	57	0	0	0	0	0
聊城中心城区	0	0	0	57	0	0	0	0	0
日照中心城区	0	0	0	57	0	0	0	0	0
泰安中心城区	0	0	0	57	0	0	0	0	0
滨州中心城区	0	0	0	57	0	0	0	0	0
菏泽中心城区	0	0	0	57	0	0	0	0	0

注：部分县域与多个地市中心城区金融联系值相等，导致最大优势流指向多个目的地。

济南中心城区核心地位突出，但济南各外围县域网络地位存在显著差异。对2020年各县域对外主干联系数量进行统计（见表6－14），可以发现，在银行与保险网络方面，莱芜区和章丘区对外主干联系较多，在外围县域中位居前列，链入主干网络的程度最高，长清银行业对外主干联系较多，其他外围区（县）主干联系均较少，其中钢城、商河和平阴与主干网络的链入程度最低；在证券网络方面，各外围县域都没有链入主干证券网络。与青岛各外围县域相比，济南各县域与主干网络链入度的平均水平较低，且差异更大。

表 6-14　2020 年济南、青岛外围区（县）与各行业主干网络的链入度　单位：条

外围区（县）	银行主干联系数量	保险主干联系数量	证券主干联系数量
济南莱芜区	16	16	0
济南章丘区	14	16	0
济南长清区	11	2	0
济南济阳区	1	2	0
济南平阴县	1	2	0
济南商河县	0	2	0
济南钢城区	0	0	0
青岛即墨区	16	16	0
青岛胶州区	16	15	0
青岛平度市	13	16	0
青岛莱西市	15	2	0

（三）黄河流域视角下济南对外金融联系网络

基于银行、保险、证券等金融细分行业的金融机构总部—分支数据，借鉴 Taylor 提出的链锁网络模型，对 2020 年黄河流域视角下济南对外联系网络进行测度，分析济南在黄河流域金融网络的地位和权力。

1. 济南网络地位分析

济南作为异地金融机构拓展区域业务的主要基地，在证券和保险扩张网络中中心性得分最高，银行网络中心性则居第 2 位，次于郑州，主要是缘于郑州凭借郑州银行和中原银行的良好发展态势，总部银行发展势头强劲；金融综合中心性居首位，但首位度较低，与第 2 位、第 3 位的郑州与西安相比优势不凸显，具体见表 6-15。

表 6-15 2020 年黄河流域各省会城市与计划单列市金融网络中心性

城市	金融网络	银行网络	保险网络	证券网络
济南	23900	4221	14901	4778
郑州	23891	4425	14880	4586
西安	23066	4213	14125	4728
太原	21973	4057	13665	4251
青岛	21026	3164	13812	4050
呼和浩特	19070	3981	12117	2972
兰州	18506	3937	11424	3145
西宁	13700	3881	7704	2115

2. 济南金融网络联系能力分析

济南与西安、郑州、青岛、太原及呼和浩特 5 个城市对外主干联系数量相差不大，共同形成了 6 个核心节点相互连通的金融骨架网络，主要覆盖黄河流域中心城市与山东及河南各城市。在对外辐射能力上（见表 6-16），济南作为首位流联系节点不仅连接了省内城市，也是郑州、太原、呼和浩特和包头的首位联系城市，且与西安互为首位城市，在首位（Top1）城市网络中和西安同处于核心地位，但辐射范围局限于黄河流域东中部地区；在前 3 位（Top3）网络中，济南的辐射范围更加广阔，链接的城市总数量达到 87 个，居首位，郑州和西安链接的城市数量分别为 77 个和 70 个，3 个城市在黄河流域金融网络的链接优势较为突出。

表 6-16 黄河流域城市间金融空间组织网络的主要统计量 单位：个

城市	链接城市总数量		链接省外城市数量	
	Top1	Top3	Top1	Top3
西安	34	70	25	61
郑州	24	77	7	60
济南	27	87	12	72
太原	17	34	7	24
兰州	6	17	6	6
呼和浩特	12	14	7	9
青岛	6	24	6	19
银川	10	11	7	7
西宁	6	6	0	6

第四节　济南金融高质量发展路径探究

综合分析济南市金融自身发展能力、金融支持经济高质量发展能力和金融辐射能力，发现与其他同等城市相比，济南在保险市场发展、展业金融机构丰富度、属地银行与保险总部数量、产业金融等方面具有一定优势，但在证券市场建设、公募基金、属地金融机构发展层级、金融效率上具有相对劣势；另外，济南在山东省金融网络地位相对较高，但市域内部发展差异大，在黄河流域上与郑州、西安同为网络三大核心，辐射范围局限于东中部，在全国金融网络地位一般，且金融对外开放水平不足。

基于济南金融发展的优势与不足，以及国家中心城市建设对济南金融发展的新要求，以能力建设为切入点，从提高金融自身发展能力、金融服务实体经济能力、金融创新能力、金融风险防控能力及金融辐射能力等方面提出金融高质量发展对策建议，强化优势，补齐短板，将金融体系建设、金融改革、金融服务完善、金融风险防范等各发展要素整合在这五大能力建设上，以能力建设为中心推动金融高质量发展。

一、提高金融自身发展能力

（一）强化银行总部数量和质量优势，稳步提高银行资产规模和质量

济南属地银行具有总部数量优势，但各银行发展能力和资产质量亟待提高。作为全国性股份制银行，恒丰银行在风险管控、发行能力、收益能力和理财产品丰富性等综合能力评价上居 12 家股份制银行末位，股东质量恶化和不良贷款等压力较大，未来应继续强化公司治理，引进战略投资，建立多元合理的股权结构，完善风险管理体系，深耕绿色金融、乡村振兴等重点领域，加速数字化敏捷转型，提升金融服务实体经济质效。齐鲁银行和莱商银行

2家属地城商行应提高战略合作水平和差异化、特色化发展水平，秉持“优势互补、资源共享、联动发展、互惠互利”的合作原则，在诸如科技、人才、风控、普惠金融、流动性等方面加强合作，联合牵头发起金融机构战略合作联盟，并可尝试抱团成立理财子公司，以市场化方式整合区域金融资源，提高省域内金融资源配置的整体效率。

另外，济南银行机构整体贷存比较低，尤其是3家属地银行贷款占总贷款的比重均小于其存款占比，未来政府应完善银行贷款奖惩机制，引导督促各银行机构不断丰富银行理财产品，支持和推动在济金融机构分支机构争取总部支持，加大资源配置力度，持续提升本地金融供给能力，优化金融服务，用好普惠小微贷款支持工具、支小再贷款等政策，充分发挥小微企业和“三农”融资的主渠道作用。

（二）强化保险总部数量和质量优势，稳步提高保险赔付率

济南保费收入和保险深度排名相较银行、证券较为靠前，在保险公司总部上也有一定数量优势，但3家属地保险在保费收入水平上欠佳。未来应引导3家保险机构建立差异化功能定位，提升金融服务质效。德华安顾应充分借助外方股东慕尼黑再保险集团及德国健康保险股份公司（DKV）的丰富经验，深入进行老年产品的创新研发，引导居民扩大养老、健康、大病医疗等商业保险支出，同时加大对养老地产、医疗健康等相关养老产业的支持力度，在济南设立养老服务公司、康养服务公司，参与养老社区建设，创新“保险+康养”服务模式。和泰人寿则应发挥其轻资产及与互联网高度融合的特色，发挥腾讯等股东背景的优势，充分利用银保监会互联网人身保险业务新规“经营人身保险业务的保险公司在满足相关条件的基础上，可在全国范围内通过互联网经营相关人身保险产品”，坚持互联网渠道和传统渠道双轮驱动，尽快扭亏为盈。泰山财险应持续提升专业化、精细化、集约化发展水平，推进政策性农业保险扩面增品提质，健全农业保险大灾风险分散机制，拓宽涉农保险保单质押范围，同时充分发挥保险融资增信功能，通过应急转贷、供应链保险产品等方式，帮助小微企业和新型农业合作主体。

另外，济南保险总体赔付率偏低，从长期来看不利于保险行业的发展，

未来金融监督管理局等相关监管机构应规范保险公司经营手段，加大对保险代理人的监管力度；各保险机构应探索保险产品创新，积极提供适当、有效的普惠保险产品，提高保险产品的质量，同时扩大投资渠道，推进产权资本运营，以此实现资产增值。

（三）稳步提升利用资本市场的能力和水平

济南上市企业总体数量、规模、质量、资产证券化程度还不够高，应加快推进企业“上市倍增”计划的落地并适时调整，统筹协调各相关部门，建立“企业上市直通车”问题协调机制与市政府领导包挂推进企业上市工作制度，引导不同类型企业进入沪深主板、创业板、科创板、北京证券交易所、香港证券交易所和纽约证券交易所等境内外不同层次的资本市场；鼓励和引导中泰证券、齐鲁银行等本地金融机构，加强与创投风投机构、律师事务所、会计师事务所等上市服务机构的联动，建立各类上市企业服务联盟和相关行业协会，丰富上市资源储备库；鼓励本地金融机构、科研机构加强与天弘基金、银华基金等领先公募基金公司的合作与联系，创造引进公募基金等相关金融机构的良好环境，加快引进公募分支机构；鼓励和支持属地商业银行、保险机构、证券公司等优质金融机构依法设立基金管理公司或专业资产管理机构，并适时申请公募基金牌照，力争公募基金领域法人金融机构实现零的突破，同时壮大本地私募公司，吸引和培育私募股权、私募证券等投资机构，积极推进对私募股权二级市场基金这一金融新赛道研究和探索，鼓励相关机构联合发起设立股权投资（PE）二级市场联盟；作为少有的缺少区域性股权市场的省会城市，济南应积极利用齐鲁股权交易中心有限公司济南分公司的职能作用，推动齐鲁股权交易中心部分经营性功能适时转移，同时加强与蓝海股权交易中心的合作，争取“齐鲁科创板”落地济南。

二、提高金融服务实体经济能力

进一步巩固产业金融的既有优势，完善金融要素交易市场，加快济南国际金融城产业金融集聚区建设，鼓励金融机构、供应链核心企业等建立供应链金融生态圈，并以自贸区济南片区为依托加快供应链金融与跨境金融的融合发展。

聚焦黄河流域生态保护及省内生态环境建设，有序建立集绿色金融机构、产品、市场、中介服务组织于一体的绿色金融服务体系，加大政府节能环保支出占比的同时撬动社会资本对环保等绿色产业的投入，探索构建符合济南实际的易操作的绿色信贷统计、管理、评价制度，完善绿色金融配套体系。

持续深化数字技术在普惠金融领域的应用，并注重为城市外来务工人员、老年人以及农村地区人群等易遭受金融排除的群体提供更加简洁清晰、友好的数字金融产品和服务，加强对小额贷款公司的培育和监督，以数字普惠精准支持小微企业。

以建设科创金融改革试验区为牵引，鼓励商业银行在试验区内设立科技金融事业部、科技支行、科创金融专营机构等，探索差别化管理方式；推动试验区内相关机构在各类市场发行创业投资基金类债券、双创专项债券和私募可转债等，探索发行科技型中小企业高收益债券；鼓励科创企业在境内外上市融资及区域性股权市场挂牌，鼓励更多软件、大数据、人工智能等领域优质企业在国内上市。

推进绿色金融、科技金融、普惠金融、产业金融等金融行业重点发展领域的融合发展，相互促进，形成合力，促进金融更好地服务构建新发展格局。

三、提高金融辐射能力

（一）注重改善济南外围县域金融发展水平

济南中心城区金融发展水平在山东省居首位，但平阴、商河、钢城等外围县域金融发展相对落后，内部区（县）差异大。未来应加大相关优惠政策对外围县域的倾斜力度，不断提高外围县域的产业发展基础和经济发展水平，如提升外围县域各类经济技术开发区和高新技术开发区层级，推动中心城区部分制造业向外围县域转移集聚；引导改善外围县域司法环境、政策环境等在内的营商环境；探索设立外围县域发展基金和优先领域基金；推动区县公共服务均等化等。

同时实行更大力度的金融倾斜政策，如对外围县域的各类贷款允许更高的不良贷款率；结合乡村振兴，创新金融信贷产品，创新抵押担保方式，拓宽多元农业信贷担保渠道；鼓励各类金融机构采取直接经营或者代理等多种模式，在县域增加服务网点，尤其是补齐长清、济阳、商河在证券机构的空白；发挥村镇银行、农村商业银行、保险网点等各类既有金融机构的作用，提高金融机构服务水平和风险防控能力，增强金融存款在本地转化为贷款的能力。

（二）以金融为引擎，主动服务和融入黄河流域国家战略

济南应发挥山东半岛城市群中心城市的龙头作用，以中心城市之姿，联动西安、郑州等中心城市健全沿黄城市金融合作协调机制，搭建行业性合作平台，成立黄河流域中小银行联盟，在银团贷款、资金拆借、抵质押品互认、重大产业项目建设等领域加强合作；鼓励恒丰银行、泰山财险等地方金融机构以服务脱贫攻坚与乡村振兴有效衔接为主线，丰富绿色债券、绿色信贷、绿色保险、绿色基金等金融产品供给，针对流域不同地区建立差异化金融服务模式；强化对黄河流域中西部城市的金融投资，鼓励地方金融机构适时在流域中西部地区设立分支机构，为夯实黄河流域生态保护和高质量发展金融根基发挥流域中心城市应有作用。

（三）加快提高金融对外开放水平

济南外资银行、保险等外资金融机构相对较少，未来要加大外资金融机构引进力度，围绕有意向的各类外资金融机构，列出目录清单，逐步建立长效联系机制，及时了解企业发展布局最新动态，并做好宣传推介，吸引更多外资金融机构落户发展；深化以自贸试验区金融为牵引的金融开放创新，促进跨境支付结算便利，推动合格境外有限合伙人（QFLP）试点扩面增效，提升境外资本市场利用水平；优化政务服务，为具有国际影响力的外资机构战略入股在济金融机构提供便利；支持中泰证券等本地金融机构设立境外子公司和办事处，支持恒丰银行、齐鲁银行有序开展本外币跨境贷款，发行可持

续发展债券、气候债券、绿色债券等境外债券，支持各类金融机构在医疗健康、日常消费品、高科技、互联网和可再生能源等领域境外投资，加强与境外监管机构、金融机构和机构客户的沟通交流和合作，全面提升本地金融机构国际化水平。

四、提高金融风险防控能力

加强金融监管，完善市、区、县联动、多部门配合的地方金融监管协同机制，推进风险源头防治；强化数字赋能，围绕“线上监测、线下核实，以数防险”思路，构建数字化、网格化、智能化的风险监测防控系统，形成系统性、整体性、协同性的风险监测防控体系；做好大型企业债务违约监测预警，提前制定接续融资和债务重组预案，妥善应对不良资产反弹；落实国家和山东省金融监管政策，严密防控私募机构风险、政府债务风险，严密防范金融机构流动性风险，密切关注互联网、电子商务等金融风险隐蔽环节，不断强化风险源头管控；推动中小银行多渠道补充资本金，用好地方政府发行专项债补充中小银行资本政策；支持市场化兼并重组，推动中小银行区域整合；进一步建设好商业银行高管人才库，支持以公开透明和市场化方式选聘中小银行董事、监事和高管人员，稳妥防控和化解中小金融机构风险；积极应对发达国家宏观政策与法律的外溢性影响，前瞻性做好应对外部冲击的充分准备，未雨绸缪走在市场曲线和大国货币政策转向的前面，妥善应对外部冲击风险。

五、提高金融创新能力

深耕科创金融改革，建设金融科技创新策源地，同时积极争取全国性、有影响力和带动力的其他金融改革创新试点落户，持续推动金融改革创新；支持山东省区块链金融重点实验室、金融安全联合创新实验室、身价金融创新实验室等金融智库建设，聚焦大数据、人工智能、云计算、区块链、生物识别、量子技术等前沿方向，着力突破金融科技关键核心技术；支持金融机构利用数字化手段创新金融服务，完善以产品为中心的金融设计研发体系，探索在支付结算、授信贷款、征信、数字票据、供应链融资、证券投资等多样化金融场景下的数字化解决方案，不断提升金融服务质效；支持和推动在济金融机构积极承接总部金融改革创新项目，引入总部产品研发中心、金融创新实验室等功能性机构和金融后台；引导和推动不同金融集聚区围绕绿色金融、金融开放等不同领域开展金融创新试点，重点深化自贸区济南片区金融服务创新，积极争取高水平制度型金融开放创新。

参 考 文 献

[1] 乔晓楠，王奕．构建适应新质生产力发展的新型生产关系——全面深化改革着力点的政治经济学分析［J］．财经科学，2024（8）：45－60.

[2] 辛岭，安晓宁．我国农业高质量发展评价体系构建与测度分析［J］．经济纵横，2019（5）：109－118.

[3] 王军，朱杰，罗茜．中国数字经济发展水平及演变测度［J］．数量经济技术经济研究，2021，38（7）：26－42.

[4] 王静婷，薛德升，谭一洺．环南海国家及地区人口城市化特征与空间格局演变［J］．人文地理，2022，37（1）：138－149.

[5] 丁志伟，马芳芳，张改素．基于抖音粉丝量的中国城市网络关注度空间差异及其影响因素［J］．地理研究，2022，41（9）：2548－2567.

[6] 乔伟桐，高楠，张新成．黄河流域旅游产业韧性的时空分异特征及门槛效应分析［J］．统计与决策，2023，39（2）：58－63.

[7] 李江苏，王晓蕊，李小建．中国传统村落空间分布特征与影响因素分析［J］．经济地理，2020，40（2）：143－153.

[8] 李乃强，徐贵阳．基于自然间断点分级法的土地利用数据网格化分析［J］．测绘通报，2020（4）：106－110，156.

[9] 唐承丽，郭夏爽，周国华，等．长江中游城市群创新平台空间分布及其影响因素分析［J］．地理科学进展，2020，39（4）：531－541.

[10] 钟顺昌，邵佳辉．黄河流域创新发展的分布动态、空间差异及收敛性研究［J］．数量经济技术经济研究，2022，39（5）：25－46.

[11] Taylor P J，Derudder B，Faulconbridge J，et al. Advanced producer service firms as strategic networks，global cities as strategic places［J］．Economic Geography，2014，90（3）：267－291.

[12] 黄凌云，邹博宇，张宽．中国金融发展质量的测度及时空演变特征研究 [J]. 数量经济技术经济研究，2021，38 (12)：85－104.

[13] 廖庆梅，李海刚，唐栋，等．金融发展指标评价体系构建——基于长江经济带视角 [J]. 商业经济，2022 (10)：175－178，190.

[14] 徐璋勇．金融发展质量及其评价指标体系构建研究 [J]. 武汉科技大学学报（社会科学版），2018，20 (5)：545－551.

[15] 张晖．县域数字金融发展评价体系和普惠特征研究——兼论与传统普惠金融发展的关系 [J]. 农业经济问题，2020 (11)：120－130.

[16] 刘莹．山东省绿色金融发展情况综合评价 [J]. 金融发展研究，2019 (7)：32－39.

[17] 苑培培，张继良．产业金融融合发展评价研究——以江苏省为例 [J]. 市场周刊，2020，33 (9)：145－147.